完全保存版

諸富祥彦

ひとりっ子の育て方

「友だちづくり力」

「自分づくり力」

「立ち直り力」。

0～15歳児の親が
最低限しておくべきこと。

WAVE出版

ひとりっ子の育て方

「友だちづくり力」

「自分づくり力」

「立ち直り力」。

0～15歳児の親が
最低限しておくべきこと。

はじめに

私は、27年間、子育てカウンセラーとして、多くの方の子育ての相談にのってきました。また、明治大学の教授として、子育てや教育などに関わる心理学を教えています。

ひとりっ子の子育てをしている親御さんには、きょうだいがいる子の子育てをしている親御さんにはない、特有の悩みがあります。

「やっぱり、きょうだいがいないと、さみしいですよね。うちの子に悪くて」

「ひとりっ子なので、ワガママにならないか心配です。ワガママだと、友だちもできないですよね」

「ひとりっ子は、きょうだいともめたりケンカしたりがないので、打たれ弱い子になってしまわないか心配です」

はじめに

「きょうだいがいないから、いつか私たち親が死んだら、その後孤独でつらい人生を歩むことになりますよね」

このように、ひとりっ子を育てる親御さんは、さまざまな心配を抱きがちです。

しかし、心配は、ご無用です。

本書で説明するように、きょうだいがいなくても、大丈夫！。

ひとりっ子は、親の愛を独占できるため、きょうだいがいる子以上に、「自分は両親から愛されている」と感じることができるというメリットがあります。

また、「ワガママな子になりやすいのではないか」「打たれ弱い子になってしまうのでは」「友だちができないのではないか」といった心配も、ご無用です。親がちょっとした子育ての工夫をすることによって、十分に補うことが可能なのです！

本書は、**ひとりっ子のマイナス点を補い、ひとりっ子であるがゆえに得られるプラスの点を伸ばしていくことができる子育ての仕方**について、お伝えしていきます。

具体的には、次の3つの力をもった子どもを育てるための工夫を説いていきます。

①「友だちづくりの力」（仲間づくりの力）
②「自分づくりの力」（自分らしい人生を自分で切り開いていく力）
③「つらいことがあっても、立ち直る力」（困難に満ちた苦しいことがあっても、心折れてしまうことなく、そこから立ち直っていく心の強さ）

この3つの力をもつことにより、①一生続く友だちや仲間をつくりながら、②自分らしい人生を自分で切り開いて生きていくことができ、③さまざまな人生の困難に見舞われても、心折れることなく、立ち直ってたくましく生きていくことができるのです。

私は、こう考えています。

お子さんは、「この宇宙からお母さん、お父さんに贈られてきた大切なプレゼント」です。また、ご両親が、親として、人間として学び成長していくための大切な機会を与えてくれる存在です。

すべての子どもは、そのたましいに、その子だけに与えられたミッション（生きる意味と使命）を刻まれて、この世に生まれてきています。

まだ天の上の、見えない世界にいるときから、お子さんのたましいは、お母さんとお父さんをじっとみていて、『この人たちのもとに降りていこう。この人たちのDNAを、この地上の世界での、わたしのからだとして、お借りしよう！　そうすれば、自分がなすべきことをなしとげることができそうだ。この人たちなら、わたしが自分のミッションを果たすために必要な、愛情と栄養と、DNAと、そして、成長のため必要な厳しい試練も与えてくれそうだ！』と、お母さんとお父さんを選んで、ゆっくりとこの世に降りてくるのです。

どうぞ、こんなあたたかい「心のまなざし」でお子さんを見守ってください。

幼児期にこんな「愛に満ちたまなざし」で、見守っていくことが、お子さんが「幸せな人生を送っていく」ために不可欠な「心の土台」をつくっていきます。

ペタペタ、ペタペタペタとタッチングし、ギュッと抱きしめて、チュ！　とキスする。そして「あなたのこと本当に大好き！　愛してる。世界でいちばん大切！」と言葉で伝えましょう。

「私（ぼく）は、幸せになっていいいんだ！」——お子さんがそう思えるのが、最高の子育てです。そのベースは、なんと言っても、お母さん、お父さん自身の「ラブ&ハッピー」です。

親御さん自身がいつも安定した穏やかな気持ちでいて、

「お子さんに何かつらいことがあったら、いつでも帰ることができる、心の安全基地」

になっていること。子育てでこれ以上に大切なことは何もありません。

どうか、みなさんの子育てが、明日から、愛と喜びに満ちたものになっていきますように！

本書には、私の子育てカウンセリング27年の経験をもとにした「子育ての知恵」がたくさん示されています。

この本が、みなさんの愛と喜びに満ちた子育てのお役に立てれば、幸いです。

諸富祥彦

目次

第2章 ひとりっ子のメリット・デメリット

第3章 「立ち直り力《レジリエンス》」を育む

第4章

ひとりっ子親のブレーキのかけ方

第5章 3人家族のあやういバランス

第6章

ひとりっ子家庭の親離れ・子離れ

装丁　水戸部 功
執筆協力　伊藤彩子
イラスト　Igloo*dining*
DTP　つむらともこ

第１章

「ひとりっ子育て」の基本ルール

ひとりっ子のネガティブイメージは根拠なし

「ひとりっ子は、ワガママになってしまわないか心配です」

「ひとりっ子だと社会性が育たず、友だちができにくいのでは?」

「ひとりっ子は、さみしくてかわいそう」

「お友だちにおもちゃをとられてばかりいるのは、ひとりっ子だからでしょうか?」


カウンセリングや講演会で、必ずと言っていいほど、ひとりっ子をもつお母さんたちにこうたずねられます。子育てについての講演会をしたあと、いちばん多い質問のひとつが、「ひとりっ子」の子育てについての質問です。

2012年にｇｏｏランキングがおこなった、「一人っ子の特徴ランキング」というアンケート（有効回答者数1064名。NTTコム オンライン・マーケティング・ソリューション㈱提供の「ｇｏｏリサーチ」モニターに対するアンケート）では、1位「甘やかされることに慣れている」、2位「身勝手」、3位「わがままが多い」などの解答が……。ひとりっ子について、ネガティブなイメージを抱いている人が多いのがわかります。

しかし、**「ひとりっ子がワガママである」、といった事実を実証した研究はありません。**

むしろ、あえて言えば、「ひとりっ子」のほうが、「きょうだいのいる子」より、子育てに失敗するリスクは少なく、安定した幸せな人生を歩める可能性は高いのです。これが、これまでの30年近くにわたる子育て相談の結果、カウンセラーである私がたどりついた結論です。

つまり、「ひとりっ子」でも大丈夫！ なのです。

それなのに多くの人が、根拠のない「ひとりっ子ワガママ説」を信じ、親御さん自身も不安を抱いていることは事実です。

ふだんは「しっかり育てているからワガママになんてならないわ」と思ってはいても、お子さんが園や小学校でお友だちとトラブルを起こすと「やっぱりひとりっ子だからかな?」と気になってしまうこともあるでしょう。

「ひとりっ子」のお母さんは、お子さんのマイナス部分を、すべて「ひとりっ子だから」とそれに結びつけて考えてしまいがちです。世間にも親御さん自身もそんな傾向があるのです。

ひとりっ子は本当にワガママで競争心がない？

「ひとりっ子はワガママ」「競争心がない」「協調性に欠ける」といったネガティブ

なイメージは、日本だけなのでしょうか？

ひとりっ子についての固定観念に関する研究をおこなっているエイドリアン・マンシリャスによれば、こうした先入観は、エストニアからブラジルまで、あらゆる文化圏で見受けられるようです。

ひとりっ子がここまで「はみだしっ子」扱いを受けるようになったきっかけは、19世紀の終わりごろにさかのぼります。アメリカのスタンレー・ホールという心理学者がなんと、「ひとりっ子であることは、そのこと自体がすでに病気である」などと主張したのです。

ひとりっ子をもつ親御さんとしては、聞き捨てならないショッキングな考えです。しかし、これには時代の背景が関係しています。19世紀の終わりは、世界的に富国強兵を推し進め、人口が急増した時期と重なります。こうした状況が、ひとりっ子に対する風当たりを強くしたのです。

ひとりっ子には実際、ワガママで変わり者が多いのでしょうか？

そんな疑問に応えるように、児童心理学の世界ではさまざまな研究がおこなわれてきました。

心理学者トニ・ファルボは、家族構成と子どもの人格の関係を分析した数百の研究を見直し、ひとりっ子を扱った141の研究を選び出しました。それらの研究の分析の結果、ファルボはこう述べています。

「個人の性質に関していえば、ひとりっ子はきょうだいとともに育ったほかの子どもたちとなんら変わるところはありませんでした。ひとりっ子が孤独でワガママで適応力がないという固定観念を証明する研究は存在しません」（『「ひとりっ子だから」なんて言わせない』パトリシア・ナックマン／アンドレア・トンプソン著）

さまざまな資質のうち、ひとりっ子がきょうだいのいる子よりも高いポイントを挙げたのが「達成意欲」と「自尊心」のふたつです。つまり、「私はできる」という自信や、何かを「成しとげようとする」意欲は、きょうだいのいる子よりも高いのです。

また、ひとりっ子はより高い学歴、よりよい成績、より名声のある職業を目指す傾向があります。

ひとりっ子は、きょうだいのいる子たちとなんら変わりがありません。それどころか、むしろ優れているところもあることがわかったのです。

決して、罪悪感をもたないこと

「ひとりっ子でゴメンね。さみしいよね」
「きょうだいを産んであげられなくて子どもに申し訳ない」
ひとりっ子を育てているお母さんなら、こんな思いが頭をよぎったことがあるのではないでしょうか。

「結婚が遅かった」「自然に任せていたらふたり目を授からなかった」「不妊治療が実らなかった」「子どもがひとりの状態で離婚した」……。

みずからの意志で子どもはひとりと決断した人でも、意に反してひとりっ子にしてしまった人でも、「自分のせいで、ひとりっ子にしてしまった。子どもにさみしい思いをさせている」という罪悪感にさいなまれているお母さんは少なくないようです。

しかし、ハッキリ申し上げますが、そんな罪の意識をもつ必要はまったくありません。

むしろ、あなたの大切なお子さんのために、いますぐその罪悪感は捨ててください。

どんなに幼くても、子どもは親の気持ちに敏感です。親との関係が濃いひとりっ子の場合には、なおさらその傾向が強いです。

親自身が「ひとりっ子はさみしくてかわいそう」などと思っていると、その思いはお子さんに伝わります。お子さんは親の抱いているネガティブな思いを鋭くキャッチします。

そして、

「きょうだいがいない私はさみしく、かわいそうな子なんだ」

と思い始めてしまうのです。

その思いは**自己否定**につながります。

子育てで最も大切なことは、お子さんの心に「自己肯定感」を育てることです。

自己肯定感とは、「自分は、基本、大丈夫」「私、幸せになれる」という気持ちや「自分は頑張ればできる人間だ」という思い、「人生って楽しい！」という人生に対するポジティブな姿勢のことです。この基本的な自己肯定感をもっていれば、人生で苦しいこと、つらいことがあったときでも、なんとか乗り越えていけます。

逆に、この基本的な自己肯定感が育っておらず、「もしかすると、私ダメかも」という自己否定的な気持ちしかもっていないと、「いざ」という大切なときに、踏ん張ることができない子になってしまいます。心がポキリと折れやすくなるのです。
だからこそ、お母さんには「ひとりっ子でも大丈夫♪」とポジティブに考えていただきたいのです。そして「世界であなたがいちばん大切！」と、どんどん口に出してお子さんに伝えてほしいのです。

実際、ひとりっ子は両親の愛情を独り占めできる「ハッピーな子」であるに違いありません。

一般的には、きょうだいがいないということはデメリットと考えがちですが、実のところ、きょうだい間の争いは、どちらかに、大きな心のダメージを残してしまいます。「きょうだい間の争い」という経験をせずにすむことは、ひとりっ子の大きなメリットです。（68ページに詳説）

また、ひとりでいる時間が長いことは、自分の内面と対話し、クリエイティビティ（創造性）を高めることにもつながります。ひとりっ子の弱点といわれる他人と折れ合う力や協調性も、ちょっとした親の働きかけや工夫で補うことができます。

（56ページに詳説）

幸せな子育ての基本は、親御さん、特にお母さんの心が安定し、ハッピーでいることです。きょうだいの有無は関係ありません。

まずは、ひとつの大切な命を授かったことに感謝する。

そして、「あなたが私の、世界でいちばんの宝物」「あなたが世界でいちばん大切！」と言葉にして愛を伝え続ける。

ペタペタチュ♥とスキンシップする。

それが、強く、やさしく、たくましいひとりっ子を育てる大原則です。

しつけは「ゆるめ」でOK！

「立派な大人にしなくては」と、必要以上に厳しいしつけに走る親御さんが多すぎます。この「必要以上のしつけ」が、お子さんの心に一生残るダメージを与えてしまいます。それはプチ虐待に近い行為なのです。

なかでもひとりっ子をもつお母さんは、早い時期から「簡単には抱っこしない」「外では手をつながない」「礼儀を欠く行動をしたらお尻ペンペン」「なんでもひとりでできるよう教え込む」「競争心を育むため同い年のライバルと競わせる」など、どう考えても厳しすぎるしつけをしている方が少なくありません。

「ひとりっ子だから甘やかしていると思われたくない」

「ひとりっ子だからワガママと思われないように、きちんとした子に育てなければ」

というプレッシャーが、お母さんを厳しいしつけに追い立ててしまうのです。

しかし、**厳しすぎるしつけは百害あって一利なし。**

「私なんて、ダメ人間だ」

「ぼくは、どうせダメだ」

そんな否定的な思いをお子さんの心に蓄積し、「心の折れやすい子」に育ててしまいます。

お子さんが長い人生を幸せに生きていくことができるかどうか。その基本は、お子さんが小学校に上がるくらいまでに、

「自分はお母さんから本当に愛されている」と感じられるかどうかにかかっています。

親としては、愛しているがゆえに厳しいしつけをするのですが、それは子どもには伝わりません。かえって子どもの生きる力を奪ってしまいます。

ひとりっ子には、１から10まで親御さんの目が行き届いてしまいます。だからこそ、しつけは「ゆるめ」を心がけましょう。

子育ての3つのステージ

前著『男の子の育て方』『女の子の育て方』でもお話ししましたが、子育てには3つのステージがあります。

①ラブラブ期……0歳～6歳くらいまでのいわゆる乳幼児期（生まれてから幼稚園・保育園まで）
②しつけ期……6歳～12歳くらいまでの、いわゆる児童期（小学生時代）
③見守り期……10歳～12歳以降、18歳くらいまでの、いわゆる思春期（小学校高学年から大学生くらいまで）

しつけは小学校に上がってからでも、十分間に合います。小学校に上がるまでは、思いきり甘やかしてもOKです。小学校入学後は、ラブラブ期の雰囲気を残しながらも、少しギアチェンジしてしつけを開始します。

思春期に入ったら再びギアチェンジ。今度は、大人として羽ばたくために、親から離れて「自分づくり」の課題に取り組むお子さんを見守ります。

ひとりっ子のなかには、お友だちにおもちゃをスムーズに貸せなかったり、遊びの輪に入るのが苦手だったりする子もいるかもしれません。でも、焦る必要はありません。

きょうだいは「初めて出会う他人」といわれます。きょうだいをもたないひとりっ子は、ちょっとだけ「他人」に出会うのが遅いだけ。そのぶん、スタートダッシュでは後れをとるかもしれませんが、親が、同年齢の子とふれあう機会を多くするといったちょっとした工夫をするだけで、十分に補うことができます。

神経質になりすぎないのが、ひとりっ子の育児を楽しむコツです。

自尊心を育む「ペタペタ、チュ」と「愛の言葉」

①のラブラブ期（0歳〜6歳）は、子育ての土台ともいえる重要な時期です。しつけをしようとイライラカリカリするよりも、思いきり親バカになって、「これでもか！」というほどお子さんに愛を注ぎまくってください。

「○○ちゃんのこと、大好きよ」と愛情をたっぷり注いでもらったお子さんは、「自分はお母さんから愛されている」「いざとなればお母さんがいる」という「心の安全基地」をもつことができます。すると、お子さんの心に安定感が生まれ、「失敗しても大丈夫」「いろんなことに挑戦してみよう」という自信＝自己肯定感をもつことができるようになります。

繰り返しますが、この**「自己肯定感」こそ、親が子どもに贈ることができる最大**

のプレゼントです。多少の困難にぶつかってもポキンと折れない心、「失敗しても、頑張ってみよう」と、乗り越えていく心を育てることにつながるのです。

なかには「たっぷり愛情を注ぐといわれても、何をすればいいかわからない」と戸惑ってしまうお母さんもいるかもしれません。

子どもにとっていちばん必要な愛情はスキンシップです。

- **心を込めてゆっくり抱っこする**
- **ペタペタさわる**
- **ギュッと抱きしめる**
- **ほっぺにチュ**

子どもは気持ちのいい抱っこやタッチングが大好きです。「自分は大切にされている」と心から実感できるからです。

「ひとりっ子だし、これ以上、甘えん坊になったら困る」なんて心配することはありません。

幼いころに「これでもか」というくらい「十分に甘えられること」が、子どもの心の土台をつくります。「甘えられる」ことで、子どもの心のエネルギーがたまっていきます。**「甘えられること」で、「頑張れる子」が育っていくのです。**

また、**愛のこもった抱っこやタッチングは、子どもの心の問題を解決する特効薬です。**幼稚園に行きたがらない、ぐずり、ワガママ、食べず嫌い、夜泣きなどの問題行動の多くは、ギュッと抱きしめる、目をしっかりと見て「大好きよ」と言い続ける、ほっぺにチュなどの繰り返しでほとんどが解決します。

さらに、親の愛情のこもったタッチングは、**女の子に「自分の心と身体を大切にする感覚」を養うことができます。これは将来、10代半ばから20代になったときに、満たされない思いを埋めるためにセックスに走らないことにつながります。**

愛情はどんどん言葉にして伝えていくことも大切です。

「サキちゃんかわいいね。大好きよ」
「ケンちゃんのこと、すっごく大切だよ。ママの宝物なんだ」

「言わなくても愛情は伝わっている」というのは間違いのもとです。
愛は言葉にして伝えないと伝わりません。
「これって、やりすぎ？」「愛しすぎ？」と感じるくらいでちょうどいいのです。
どんどん愛情を口に出していきましょう。

しつけ期に入ったら 身につけさせたい「人生の基本的な型」

6歳から12歳までのしつけ期は、ラブラブ期の延長でたっぷり愛を注ぎながらも、「しつけ」をきちんと行っていくべき時期です。学校での集団行動などを通じて、社会のルールや「人生の基本的な型」を学んでいく時期なのです。

この時期になると、これまでラブラブに徹してきたひとりっ子のお母さんも、肩に力が入り始めてしまう方が多いようです。というのも、お子さんが親の手を離れ、自分ひとりでさまざまなお友だちの家に遊びに行くようになりますし、勉強や習い事など、はっきり目に見える形で他人と競う場面が出てくるからです。

「うちの子、きちんとあいさつできるかしら？」「靴はそろえたかしら？」「トイレを汚さず使えたかしら？」と心配になり、「だらしないって言われないように、きちんとしつけなければ！」というプレッシャーから、口うるさくなってしまいやすいのです。

しかし、**やりすぎは「毒」以外の何ものでもありません**。

基本的にこの時期は、「人生の基本的な型」さえ身につけばＯＫ。「人生の基本的な型」とは、次に挙げるようなものです。

- **社会のルールを守る**（礼儀正しく振る舞う、信号を守る、目上の人を敬うなど）
- **きちんとあいさつをする**
- **人を傷つけない**
- **物を粗末にしない**
- **約束を守る**
- **自分のことは自分でやる**
- **お金の貸し借りをしない**

こうしたルールを教えるうえで、やめてほしいことがあります。レジャーのために、平日、何度も学校を休ませることです。最近、料金の安い時期に海外旅行に行く、すいている日に遊園地に行くなど、自分の都合で学校を欠席させて遊びに行く家庭が増えています。一度くらいならかまいませんが、何度もこれを繰り返していると、お子さんは、「お母さんは、ルールを守ろうっていつも言ってるけど、自分の都合でルールを破ってもいいんだな」と思うようになってしまいます。

お子さんは親御さんのことをよく見ていますよ。

「しつけ」は、肯定的な言葉をつかう

ルールを守らせようと、やみくもに厳しく叱りつけてはいけません。親からガミガミ言われてみずから進んでルールを守るようになった子など、ほとんどいません。**「これをやらないと怒られる」という気持ちでルールを守らせると、他律的な子どもになってしまいます。**お子さんは、「私にルールを守らせるのはお母さんの仕事」と考えるようになるのです。

人は、嫌な気持ちでは学びません。何かを学ばせたいときは必ずお子さんをいい気持ちにさせること。それには肯定的な言葉がけが必要です。

お子さんが「これをやると楽しい！　気持ちいい！」と思えるよう、肯定的な言葉かけをしていきましょう。

●否定的な言葉かけ

×「なんで約束守らないの？」

×「いつになったら片づけるの？」

←

「約束」を守ったり、「片づけ」をするのは、イヤイヤすることだと学んでしまう。

●肯定的な言葉かけ

○「約束守ると、楽しく遊べるね」

○「キレイに片づけると気持ちがいいね」

↓

「約束」を守ったり、「片づけ」をするのは、楽しく気持ちのいいことだと思うようになる。

片づけが苦手な子には、**最初の10分、親御さんもいっしょに、楽しい雰囲気で片づけをするといいでしょう。**「片づけをするのは、気持ちよくて楽しいことだ」ということを、言葉ではなく、親が行動で示すのです。

一《いち》指《し》示《じ》一《いち》動《どう》作《さ》の法則

「早く片づけなさい！　学校の用意もしてないじゃないの？　宿題やったの？　プリント出して！」

こんなふうに、複数の指示を一度に伝えていませんか？　これは授業の下手な先生と同じやり方です。授業の上手な先生は、どんなレベルのお子さんもきちんと理解できるように、伝え方を工夫しています。共通しているのは、

一指示一動作《いちしじいちどうさ》

です。いっぺんにたくさんのことを言うのはやめにしましょう。ひとつの指示でひとつのことをさせる。そして、その行動が終わってから、次の行動の指示を与えるようにするのです。

また、お子さんに何かをさせたいときは、ひとつずつ簡単なものからさせて、徐々に難易度を上げていってください。これは行動心理学の**「スモールステップの原則」**をもとにした考え方です。小さなことでも「ぼくにも（私にも）できた」という達成感を積み重ねていくことが大切なのです。

思春期は「見守り期」。お母さんはできるだけそばにいよう

「子どもが小学校4年生くらいまでは家にいて、10歳くらいになって手が離れたら、また働き始めよう」と考えるお母さんは少なくありません。

しかし、10～12歳から15歳くらいまでの思春期は、子どもの心がいちばん不安定な時期です。だから実はこの時期にこそ、お母さんにできるだけ家にいてほしいのです。

小学校高学年くらいから、男の子はエッチな本などに興味がわき、心と体の変化に戸惑っています。女の子はグループでの人間関係に神経をとがらせて、仲間外れにしたりされたりで苦しみます。明るく振る舞ってはいても、心のなかでは「こんなこと、誰にも話せない……」と孤独感を秘めているのです。

ひとりっ子は、家庭での相談相手は両親しかいません。

小学校高学年になったらお母さんはできるだけ家にいる時間を増やし、内面に葛藤を抱えているひとりっ子がいつでも助けを求めることができるように、心がけてほしいものです。

そのためには、**ホッとできる関係づくり、雰囲気づくりが大切です。**

家にいるといってもお子さんの行動を監視してはいけません。思春期は「自分づくりの時期」。親から離れ、親とは違う自分をつくっていくのを、一歩離れたところから見守りましょう。そして「何かつらいことがあったらいつでも力になるからね」とだけ伝えて、子どもからＳＯＳを出してくるのを待つことが大切です。

お子さんの行動をすべて把握し、お世話してあげる時期は終わったことを、肝に銘じておきましょう。

「フルタイムの子育て」できますか？

日本人の親子は、ほかの国の親子と比べてタッチングが少なく、愛着関係が希薄だといわれています。

その原因のひとつは、日本のお母さんたちの肩に、「きちんと育てなくては」というプレッシャーが強くのしかかっているからでしょう。

最近ではイクメンといわれる育児に積極的なご主人も増えていますが、まだまだ少数派です。子育てはお母さんだけの仕事という「実質シングル」状態の家庭が多数派です。するとお母さんは、「私ひとりで、あたたかい母親の役割と、きびしい父親の役割の両方をこなさなければ」という思いが強くなり、心理的負担は相当なものです。「きちんとしつけなければ」「勉強やスポーツでとりこぼしがないようしっかり面倒をみなければ」という思いで頭がいっぱいになるあまり、「思いきりかわいがる」「抱きしめてあげる」といういちばん大切なことが、後回しになってしまうのです。

気負いすぎたお母さんがかけてくるプレッシャーを、ひとりで受けなくてはならない「ひとりっ子」のお子さんは大変です。きょうだいがいれば期待も不満もすべて分散できますが、ひとりっ子だとそうはいかないからです。

特にこの思いが強いのが、専業主婦としてフルタイムで子育てをしているお母さんたちです。

5歳のひとりっ子長女を育てるマユミさんは、こんな悩みを私に打ち明けてくれました。

「幼稚園のお母さんのなかに、会社勤めをしている方が何人かいるんです。園の送り迎えはおじいちゃん、おばあちゃんがやっていることが多いんですが、ときどき工作などの持ち物を忘れて、うちの娘が貸してあげることもあるんです。そんな様子を聞くと、『ちゃんと子どもを見てないからだ』と批判的な気持ちになります。いまの時代、人それぞれだと頭ではわかっているし、私自身は子どもとの時間を大切にしたくて、みずから進んで仕事を辞めたはずなのに……矛盾していますよね」

私にはマユミさんの気持ちがよくわかります。

マユミさんは**他人の子育てや生き方を、否定したいわけではありません。ひとりで24時間育児を背負う、「フルタイムの子育て」のしんどさに耐えかねているだけなのです。**

大人同士のまともな会話がしたいのに、夫は仕事で忙しく午前様。果てしなく子どもと2人きりの時間が過ぎていくのを待つ、孤立感や閉塞感……。

子育てはすぐに成果を感じられるわけでも、他人から感謝されるわけでもありません。やってもやっても終わりがない、報われないという気持ちから、むなしさが深まっていきます。

そんななか、仕事を続けているお母さんを見ると、ある種のうらやましさもあって、否定したくなってしまうのです。頭では、自分で選んだ道だとわかっていても。

ある幼稚園での講演会で、お母さん500人に、次のA、B、Cのうち、どの生活スタイルであればストレスがたまらないか、どのスタイルであれば子どもと安定した気持ちで笑顔で接することができそうか、アンケートを取ったことがあります。

結果は……

A　1日中子どもといっしょの「フルタイムの子育て」……20人
B　フルタイムで働いていて「子育ては1日5時間くらい」……40人
C　「1日5時間パートタイムの仕事」をして、あとは子育て中心……440人

このように、専業主婦として「フルタイムの子育て」をしても精神的に煮詰まら

ないお母さんは、圧倒的に少数派です。程度の差こそあれ、みーんなストレスを感じているのです。

お母さんがいつもイライラしていて、グチをこぼしたり、楽しくなさそうにしていると、お子さんは「ぼくがいるとお母さんは楽しくないんだ」「私といるとお母さんイライラしちゃうんだ」と感じます。

ひとりでお母さんのイライラを受け止め続けなくてはならないひとりっ子にとって、これは大きな心のダメージになります。

あなたは、1日に何時間であれば、お子さんとふたりきりでいてもイライラせず、安定した気持ちで、笑顔でお子さんと接することができますか。

1日に5時間が限界なら、可能な限り早くフルタイムの仕事につきましょう。1日5時間限定でも、その時間、安定した気持ちで笑顔で子どもと接することができるなら、それも立派な子育てです。イライラした気分で子どもと長時間接し続けるより、はるかにいいのです。

もし24時間いっしょでも全然OKなら、あなたは専業主婦の子育てが向いているでしょう。

多くのお母さんのように、「1日5時間だけ子どもから離れられる時間があれば大丈夫」という方なら、パートタイムの仕事につくのがいいでしょう。

このように、どのスタイルがいちばん安定した気持ちで楽しんで子育てできるかは、人によって違います。自分に合ったスタイルで子育てをおこなうのがいちばんうまくいくのです。

子どもが受ける母親からの愛情は、量ではなく、質で決まるのですから。

第２章

ひとりっ子の
メリット・デメリット

愛を独占できることが
子どもの心の安定につながる

ひとりっ子の最大のメリットは、なんといっても、
親の愛情を独占できること
です。

ひとりっ子のテツヤくんは、小学校5年生。友だちのユウタくんから「レアカードを買いに行こう。お店はちょっと遠いんだけど、うちのお母さんが車で連れて行ってくれるって。カイトも誘うから」と言われ、行くことにしました。

ところが、この話がバーッと仲間内に広がり、「自分も行きたい」と言い出す子が出てきました。「車に乗れる人数は3人までだから」とユウタくんが断ったところ

ろ、「なんでだよ」とそのなかのひとりが泣き出してしまったのです。

そこに救世主が現れました。テツヤくんです。

「ぼくはいいから、○○くんが行きなよ」とニコニコしながら、泣いている子にこう言います。テツヤくんのおかげで、その場はうまくおさまったのです。

テツヤくんのお母さんは、この話をユウタくんのお母さんから聞きました。

「うちのユウタが言ってたわよ、『テツヤくんは大人だ』って」


ひとりっ子には、このようにあまりガツガツせず、人にゆずる余裕のある子が少なくありません。お母さんとしては、「行きたいなら行けばいいのに。いつも人にゆずってばかりでは、損する人生にならないかしら」と心配になるところです。

しかし、親の愛を独占できているひとりっ子は、精神的にも物理的にも満たされ安定しています。そのため、「自分が自分が」と主張せずにすむのです。

ここで**重要なのは、ガマンしたり、ほかの子の圧力に負けたりして「行かない」**

と言っているわけではない、ということです。

「ぼくは別の機会に行けばいいや。泣くほど行きたい○○君にゆずってあげよう」と自然に思える「心の余裕」があるのです。これが、親からたっぷり愛を注いでもらえたために、心が安定しているひとりっ子の強みです。

子どもはみんな母の愛を独り占めしたい

私は、きょうだいをもつ親御さんに、

「みんな公平、ではなく、一人ひとりを絶対的にえこひいきしてください」

とアドバイスしています。

「お母さん、○○ちゃんのこと、世界でいちばん大好き」

「お母さん、○○くんのこと、宇宙でいちばん大切」

と伝えていくのです。

「パパやママは自分のことが世界でいちばん大切なんだと思える」ことが、お子さんの心の土台をつくっていくからです。

妹や弟ができた子どもは、

「○○ちゃんとぼく、どっちが好き？」

とよく親に質問します。あかちゃんにパパやママの愛をとられるのではないか、と心配になることからです。このとき、「どっちも好き」と答える親御さんは少なくありませんが、これでは子どもは満足しません。

「あなたのことが世界でいちばん大切よ」と答えましょう。

きょうだいのすべての子どもが、「自分がいちばん愛されている」と感じることのできる子育てが、最高の子育てです。

お母さんの愛情を独占できる体験は、親御さんが想像する以上に、子どもの「心の安定」につながります。

ひとりっ子の心が安定しているのは、親の愛を誰かにとられる心配をせずにすむ安心感からくるものなのです。

子育て最大のリスクを回避できる

ひとりっ子の子育ての最大のメリット。

それは、「私はパパやママからほかのきょうだいより愛されていない」という、自己否定的な気持ちを抱かずにすむことです。

私が、カウンセラーとして30年近く活動してきた経験から言えることのひとつは、**一生懸命生きているのに、いつも、「不幸になるクセ」がついてしまっている。そんな人の多くは、子どものころ、「ほかのきょうだいと比べて、私は両親から愛されていない」という思いを抱いている**ということです。

ひとりっ子の最大のメリット、「親の愛情を独り占めできることによる心の安定」は、言い換えると、「ほかのきょうだいに比べて私は愛されていない」という自己否定の感情を抱き続けるという、「人生最大の不幸のリスク」がないということです。これは、**どれほど強調してもしすぎることのない、最大のメリットです**（68ページに詳説）。

「ずるさ」がない

ひとりっ子のもうひとつのメリットは、人を出し抜くような「ずるさ」をもちにくいことです。

物心両面で満たされているひとりっ子は、ごまかしやずるをしてでも何かを手に入れようというエゴがありません。「人を押しのけてでも」という欲がない、のんびり屋さんが多いのです。

それはひとつには、幼いころから、自分の失敗をほかのきょうだいのせいにしたり、ほかのきょうだいを出し抜いて自分のほしいものを手に入れるといった経験をしてこなかったからでしょう。

そんなひとりっ子を見ていて、「うちの子は要領が悪い」と心配する親御さんもいます。しかし、長い目で見ると、この「ずるさがない」ことが周囲の人の「信頼感を得る」ことにつながるのです。これは、生きていくうえで大きな財産になります。

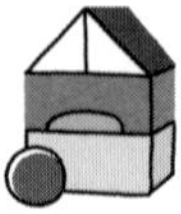

ひとりっ子は真のクリエイター

ひとりっ子のすばらしいところは、まだまだあります。

ネガティブにとらえられることの多い、

「ひとりっ子の競争心のなさ」
「ひとりで過ごす時間の多さ」
は、クリエイティビティの育ちにつながります。

実は競争心からは真のクリエイティビティは生まれません。勝ち負けにこだわりすぎると、「本当にいいものをつくろう」という気持ちよりも、「あいつより人に評価されるものをつくろう」という思いのほうが強くなり、「一般的に良いもの」をつくろうとしがちになるからです。

ひとりで過ごす時間は、決してさみしくつらいだけの時間ではありません。**思考や空想を自由にめぐらせ、内面の世界で豊かに遊んでいるのです。**大人から見ると、単にボーっとしているだけのように見えても、独自の世界を築き上げています。

『子どもが孤独《ひとり》でいる時間《とき》』（松岡享子訳、こぐま社）の著者、エリーズ・ボールディングさんは、子どもが生活のどこかで孤独でいる時間の重要性を指摘しています。

「人間にはひとりでいるときにしか起こらないある種の内面的成長」があり、そのためひとりになって自分と対話する時間をもたず、絶えず外界からの刺激に身をさらしてばかりいると、刺激におぼれて、想像力や創造性の発達が妨げられてしまう、と言うのです。

「ひとりっ子はひとりで過ごす時間が多くてかわいそう」と思うのは大人の思い込みです。きょうだいや友だちと遊ぶことは確かに大切ですが、それと同じくらいひとりで過ごす時間も子ども独自の内面世界を育てていくうえで大切です。「想像力や創造性が育っているんだな」と、そっと見守ってあげましょう。

きょうだいゲンカで「折り合う力」を学ぶ

一方、きょうだいがいることの最大のメリットは、

「このおもちゃで遊びたいけれど、お兄ちゃんが使っていて遊べない」

「大好きなケーキをひとりで食べたいけれど、妹と分けなければいけない」

というきょうだいとの利害の衝突を通じて、お互いに折れ合い、妥協し合う姿勢が学べることです。ひと言で言うと、社会性が育ちやすいのです。


自分の欲求を通すために自己主張し、きょうだいゲンカを繰り返すうちに、

「あともう少し待ってからお兄ちゃんに貸してって言おう」

「妹もこのケーキ好きだからはんぶんこにしよう」

と、相手の気持ちを想像し、人間関係を円滑にするやりとりを、体験的に学ぶことができます。**意に沿わない他人や状況と「折り合う力」を養えるのです。**


もちろん、お母さんやお父さんとの関係のなかでも「いまは、お母さんは忙しくて遊べない。30分待ってからにしよう」と、折り合う力を学ぶことはできます。

しかし当然ですが、大人は子どもに対して手加減します。きょうだいのように１００％全力でぶつかってはきません。

自分の意見を通すために、相手の言い分をどれくらい受け入れればいいのか。このあたりの見きわめは、きょうだいのいる子の得意分野です。

いたわりの気持ちを育むために

「この前、考えさせられることがありました」と相談にきたのは、ひとりっ子の小学校1年生、チカちゃんのお母さんです。

「お友だちの家に親子で遊びに行ったんです。そのお友だちには5歳の弟がいるのですが、ちょっと体調が悪くて吐いてしまったんですね。そうしたら、お姉ちゃんであるチカのお友だちは、サッと雑巾をもってきて後始末を始めたのに、チカは『うわっ、汚い！』とその場から逃げてしまったんです」

「そういう場面に出くわしたことがないから、ビックリしたのかもしれませんね」

「そうかもしれません。自分はいつもお世話されるほうで、お世話をする機会がないからでしょうが……」

「親戚の集まりで、いとこと遊んだりすることはありますか？」

「いとこはいないんです。これまでひとりっ子であることを意識したことはなかったのですが、**弱いものをいたわるやさしい気持ちや、助け合う気持ちが欠けているのかなと心配になってしまいました**」

「大丈夫ですよ。ただ経験が不足しているだけです。ちょっとした工夫で、やさしさや助け合いの気持ちをもたせることができるでしょう」

「よかった！　何をすればいいんですか？」

「たとえば、ペットを飼う、おじいちゃんやおばあちゃんとできるだけふれあう、といったことです」

「それだけでいいんですか⁉」

「はい。それだけです」

お母さんとお子さんふたりだけの関係では、いつも、

お母さん＝助ける人

お子さん＝助けられる人

となってしまいます。

きょうだいがいないことのデメリットとして、よく「競争意識が育たないこと」があげられますが、それ以上に大切なのが、きょうだい間で育まれる、

「いたわり」

「やさしさ」

「助け合い」

といった気持ちです。

もちろん、お母さんからかわいがられたひとりっ子は、愛を表現する方法をしっかり学んでいますので、ときが経てば、周囲の人たちを愛することができるように

なります。

とはいえ、親子間ではチカちゃんのように、いつもお母さんが愛を与える人、チカちゃんが愛を与えられる人、という関係になりがちです。

そこで、私は、ひとりっ子の経験を補う方法として、ペットを飼う、おじいちゃん、おばあちゃんや年下の子と接する機会をもつことを、おすすめしています。

ペットの世話はお子さんにさせてください。自分がちゃんと世話をしないと生きていけない＝「自分より弱い者の存在」を身をもって知ることができます。

おじいちゃん、おばあちゃんへの接し方は、ご両親がまずお手本を見せてあげることが大切です。部屋や車のドアを開ける、靴を履きやすくそろえてあげるなど、**「どうやって助けてあげればいいのか」具体的にお手本を見せる**ことで、お子さんもさっと体が動くようになるはずです。

異年齢交流がひとりっ子の財産になる

もうひとつ、私がおすすめしたいのは、早い時期から保育園に通うことです。

保育園のいいところは、0歳～1歳という早い時期から、同年齢の子どもたちに加えて**異年齢の子どもとも集団生活を送ることで、「疑似きょうだい」ができるところ**にあります。

自分にできないことができる年上の子たちにあこがれの気持ちをもったり、自分より力の劣る年下の子たちの世話を焼いたりすることで、やさしさやいたわりの気持ちを学べるのです。

私は、ひとりっ子のお母さんにも、外に出て働くことをおすすめしています。お母さんも「お子さんとふたりきり」の状態を長く続けることでストレスをためこむことが少なくなります。お子さんも、保育園の体験で、折れ合うことや我慢を覚えたり、いたわりの気持ちをもったりと多くのことを学ぶことができます。

もちろん幼稚園でも、多くのことを経験できますし、異年齢保育を採用しているところを選ぶのもひとつの手です。

ほかにも、ボーイスカウトやガールスカウト、夏休み中のキャンプなど、異年齢の子どもたちとふれあう機会はたくさんあります。

・0歳～4歳という早い年齢から
・日常的に
・異年齢（2、3歳違い）の子とふれあわせる

こうした点をこころがけることで、ひとりっ子に不足しがちな経験を補うことができるのです。

きょうだいの利点は4歳差まで

「きょうだいがいる子はやっぱり違うね」

「お姉ちゃんとしていつも弟の面倒を見ているから、しっかりしているわ」

「次男坊はたくましいね」

ママ友たちがこんなふうに言うのを聞くと、ひとりっ子のお母さんは、肩身が狭くなってしまうこともあるでしょう。

しかし、「きょうだいがいることのメリット」を最大限に享受できるのは、4歳差くらいまでです。

これは人間の認知の構造と関係があります。

発達心理学の研究により、人間の思考の発達は**「自分より少し上のレベルの思考**

をする人に最も大きな影響を受ける」ことがわかっています。

少し上のレベルにいる人の考えを聞くと、自分よりもどこが優れているかわかるので、思考は発達しやすく、逆に、自分よりはるかに上のレベルの考えを聞いても、その良さが理解できないので影響を受けにくいのです。

年齢が近いと、発達や興味の対象も似通っていますから、自然に関わり合いが増えます。おやつを取り合ったり、弟や妹に頼られたり、結束して親に抗議したりすることで、競争心や思いやり、協調性を学ぶことができるのです。

しかし、きょうだいでも、４歳以上年齢が離れてしまうと、発達の段階が異なるため、積極的な関わり合いは生まれにくく、影響も小さくなります。きょうだいがいても、「ひとりっ子がふたり」状態になるのです。

こう見ていくと、実質的にひとりっ子状態で育つ子は相当います。「ひとりっ子＋実質的にひとりっ子状態で育つ子」を合わせると、半分以上の子が相当するでしょう。「うちの子、ひとりっ子だから」とコンプレックスを感じる必要はありません。

きょうだい間の競争《シブリング・ライバリティ》は、人生最大のリスク

子どもがふたり以上いる親は、無意識のうちにきょうだいを比べてしまいがちです。優劣をつけるつもりはなく「単なる違い」を見ているだけであっても、子どもたちの心には「勝ち負け」の意識が残り、コンプレックスが植え付けられてしまいます。

「私よりも兄のほうが両親から愛されている」

「パパやママはぼくより妹のほうが好きなんだ」

こういう思いのダメージは想像以上に大きく、多くの子はそれを一生引きずります。場合によっては、人生そのものが変わってしまいます。

「死にたい」と訴えるほどつらい気持ちを抱えた人の多くが、このような「きょうだい間の劣等感」について語るのを、カウンセリングの場で何度も聴いてきました。
ここで、かつての私の教え子の例を紹介しましょう。

大学生のキョウイチくんは、2人きょうだいの弟。3歳上のお兄さんがいます。一流大学に現役合格し、顔だちも整っていて背も高い。かなりのイケメンですし、周囲にしっかり気配りもできます。彼をあこがれのまなざしで見ていた女子たちも少なくありません。

しかし、実はキョウイチ君、自分に自信がないと言います。ゼミで意見を求められても「ボクの意見なんてたいしたことないんで」となぜか自己卑下ばかりしてしまいます。

不思議に思ってたずねてみると、幼いころからいつも両親に「お兄ちゃんはしっかりしているのに、あなたは本当にダメなんだから！」と言われ続けて育ったそうです。

「兄は勉強もスポーツもソツなくこなし、いつも学級委員を務めていました。そんな兄とずっと比べられてダメ扱いされてきたんです。小4のときサッカーチームに入りたかったのですが、『お兄ちゃんの塾の送り迎えがあるから、うちは無理』と却下されたんです」

中2のときまで彼の成績はクラスで下から数えたほうが早いくらいでした。

そんな彼に転機が訪れます。

「中2のとき、担任の先生に言われたんです。『前から思っていたんだけど……。お前はもっとできるはずだ。話をしていたら、わかる。次のテスト、もうちょっと頑張ってみたらどうだ』って。最初は本気にしていなかったのですが、何度か同じ話をされるうちに、『先生がそんなに言うならちょっとやってみようか』と勉強に本腰を入れるようになったんです」

もともと頭の良かったキョウイチ君は、みるみる成績が上がり、一流大学に現役で合格することができました。

キョウイチくんは「できない子」なんかではなかったのです！　イケメンでやさしく、本来は頭もいい。それなのに、優秀な兄と比べられ続けて育ったがために、「どうせ自分はダメなんだ」と思い込み、すべてのことに対して投げやりな姿勢しかもてなくなっていたのです。

いい先生との出会いがあり、人生が途中で好転したからいいようなものの、もしこの先生との出会いがなかったら、どうでしょう……。

おそらくキョウイチ君は両親から与えられた〝否定的な呪文〟にかかったまま投げやりな態度で生き、どこの大学にも進学などしていなかったことでしょう。

きょうだい間で生まれるこの劣等感を、心理学用語でシブリング・ライバリティといいます。

私は、このシブリング・ライバリティは、人生で最大のリスクのひとつだと考えています。ほかのきょうだいと比べて親からダメ扱い、バカ扱いされてきた子が受

ける心のダメージは、それほど大きなものがあるのです。

「きょうだいと比べて愛されなかった」という思いによって、一生、自己否定的な人生しか送れなくなる人もいます。「どうせ自分は何をやってもダメだ」という思い込みを抱えたまま生きていくことになるのです。

競争心をもたせようとほかの子と比べるのはダメ！

このように、きょうだいと比べられないことで、劣等感や自己否定の気持ちを抱え込まずにすむのが、ひとりっ子の最大のメリットです。

しかし、せっかくの最大のメリットを台無しにしてしまうようなことを、ひとりっ子の親御さんは時として、よかれと思ってやってしまうことがあります。

みなさんは、お子さんに競争する力をつけてやりたいと、あえてほかの家の子と比較して、やる気や競争心を引き出そうとしていませんか？
「斉藤さんちのミチコちゃんは、この前のテストで１００点だったんだって。誰かさんとはえらい違いだね！」
「アキヒロくん、控えからレギュラーになったんだって？　あなたも頑張りなさい」

親御さんとしては、お子さんに檄を飛ばそうとして、こうしたことを言っているのでしょう。しかし、これらの言葉は、実は、百害あって一利なし。奮起するどころか「どうせぼく（私）はダメなんだ」という気持ちにさせて、やる気を奪ってしまいます。

よく考えてみてください。これは、あなたのご主人がほかの家の奥さんをほめているのと同じこと。「菊池さんちの奥さんって、美人で料理が上手いね。顔はいまさら無理だけど、料理くらいは見ならえよ」なんてご主人から言われたら、どんな気持ちでしょうか？　「頑張ってお料理しよう！」とは思えないですよね。「どうせ私は」とひねくれた気持ちになるのがオチです。

わが子をほかの家の子と比べるというのは、それくらいお子さんを傷つけ、やる気を奪ってしまうのです。

「親子だから」と気を抜いて、平気で傷つけるようなことを言ってしまっていませんか？

「ライバルと切磋琢磨してこそ成長できるのでは？」と思う方もいるかもしれません。

しかし、ライバルと競い合うのは、小学校高学年以上になり、「自分」というものがある程度確立したあとで初めて意味をもちます。しかも、自分で自然と相手をライバル視し始めたときにだけ、やる気は高まるのです。

私が見聞きしてきたなかで、**親からほかの子と比較されることで子どもが奮起し**

て頑張った、という例はひとつとしてありません。

「きょうだいのいない」さみしさを本当に感じているのか

「ふたり目まだ？　ひとりっ子じゃさみしいよね。弟か妹ほしいよね」

周りからこんなふうに言われて、このままひとりっ子だったら、子どもにずっとさみしい思いをさせてしまうだろうと、胸を痛めているお母さんもいることでしょう。そんなときは、心の中でつぶやきましょう。「よけいなお世話よ」と。

ひとりっ子は本当にそんなにさみしいのでしょうか？

チヒロさんは、4歳のタカシくんと、0歳のユウちゃん、ふたりの子をもつお母さんです。

「タカシは以前から弟や妹をすごくほしがって、妊娠したとき『ボクにも妹ができるんだね！』とお兄ちゃんになることを楽しみにしていたんです。

でも、いざ生まれてみると、そうでもなくて……。この前もプールに行きたいと言うので『じゃあ、ユウちゃんも支度するからちょっと待って』と返事をしたら、『お母さんとふたりっきりで行きたいんだ』と言うんです」

「お母さんを独り占めしたいんですね」

「そうなんです！　あんなにきょうだいをほしがっていたのに、生まれてみたらタカシにさみしい思いをさせている気がして……」

「いえいえ、神経質になることはありませんよ。タカシくんは、お母さんの愛を独占できなくなって、不安になっているだけです。できれば、1日に30分でいいので、妹のユウちゃんをご主人やおばあちゃんに見てもらって、タカシくんとふたりだけの時間をもってください」

この例からもわかるように、**子どもが本当にさみしいのは、きょうだいがいようといまいと、「お母さんが自分を見てくれないこと」です。**

昔は子どもが何人もいて、わいわいにぎやかであってこそ「家族」、というイメージがありました。そう考えると、家にポツンとひとりでいるひとりっ子は、どうしてもさみしく見えてしまうのでしょう。しかし、それは「外から見た」ときのことです。

心の内側から見るとどうでしょう。**ひとりっ子にとっては「ひとりでいる状態」が当たり前です。**ひとりでさみしいというのは、大人の思い込みにすぎません。**お子さんがもしもいま、さみしそうにしていたら、それは「お母さん、お父さんにもっともっと自分を見てほしい」というサインかもしれません。**

お子さんの心の安定のため、「パパやママを独り占めにして、十分に愛情を感じられる時間」を毎日もつことを心がけてみてください。

ひとりっ子は おとなしいのが当たり前!?

ひとりっ子の親御さんは、「うちの子はおとなしい」「もっと元気があったほうがいいのに」と感じていることが少なくありません。

「うちの子は、おとなしくて私のお手伝いをよくしてくれます」というのは、4歳のひとりっ子、ユミちゃんのお母さんです。

ユミちゃんのお母さんは女の子ひとり、男の子ふたりの3人きょうだいを育てている仲の良いママ友に声をかけて、キャンプに行く計画を立てました。

「ちゃんとなじめるのかしら」と心配したお母さんですが、まったくの取り越し苦労になりました。最初は3人きょうだいがじゃれあう様子を見ていたユミちゃんですが、次第にあちこちいっしょに走り回って大はしゃぎ。いっしょに川でダムをつくったり、お母さんの静止を振り切って深いほうへ泳いで行ったりしました。お母さんは、あぜんとしてしまったといいます。

あるいはこんな話もあります。

小学校1年になったソウタくん。幼稚園では「聞き分けのいい子」として過ごし、親御さんもそう思っていました。しかし、小学校に入って2カ月目、お母さんが先生に呼び出されます。「実はソウタくんが、いつも周りの席の子たちとふざけてしまい、授業が予定通り進まないことがあるんです」

お母さんがビックリしたのは言うまでもありません。

ひとりっ子がおとなしくなりがちな理由は単純です。いっしょに騒ぐ相手がいないからです。

親と過ごす時間が多いひとりっ子は、親の顔色に敏感になりがちです。親が喜びそうなことをしようという傾向が、きょうだいのいる子より強いのです。そこで、ひとりっ子の親は、「うちの子はおとなしい」と思い込んでしまうのですが、それは「おとなしくしてほしい」という親の気持ちに子どもが合わせているだけなのです。

しかし、ふだんおとなしい子も、子ども同士で集まったり、気の合う友だちがいたりすると、いつもとは人が変わったように大声をあげ、はしゃぎ回ります。クタクタになるまで遊びつくして、「あー楽しかった！」と言うのです。この**「すごく楽しかった」という充足感が、「また遊びたい」という意欲やエネルギーにつながります。**

「うちの子はおとなしいから、ひとりでいるのが好きなんだ」と決めつけず、児童館に遊びに行かせたり、きょうだいのいるお友だちと遊ばせたりと、子ども同士で思い切り遊び回れる場を用意してあげましょう。

「人間関係の力」をどう身につけるか

「うちの子は、お友だちの輪に入るのが苦手なんです。先生、どうしたらいいんでしょう?」と悩んでいるのは、３歳のヨウコちゃんのお母さんです。

「そうですか、それはご心配ですね。お子さんは、どんな遊びが好きですか?」

「ひとりでもくもくとお絵かきをするのが好きなんです」

「それは素晴らしいですね。お友だちとも遊びますか?」

「仲のいいお友だちとは遊べるんですが、朝、登園したときや公園に遊びにいったとき、すでに遊びの輪ができていたりするじゃないですか。でも、うちの子は入れてほしそうに周りをウロウロするだけ。ほかの子は『何してるの？　入れて！』と元気よく輪に入ってくのに……。歯がゆくてしかたありません」

「おそらく、仲間に加わりたいけれど、その方法がわからないだけだと思いますよ。まずは『いっしょに入れてって言ってみようか』『何してるの？　って聞いてみようか』と、お母さんがお手本を見せてあげるといいかもしれませんね」

「お友だちとの関係に親が入っていいんでしょうか？」

「確かに親が手と口を出しすぎるのは考えものです。ただ、あまりよく知らないお友だちと遊んだ経験が少ないお子さんは、遊びの輪に入りにくいことが多いんです。いっしょに遊びたくても、じっとそばで見ているということになりがちです。どうしたらいいかわかっていないので、親御さんが具体的な行動のモデルを示してあげるといいですよ」

「そうなんですね……。今度、いっしょに『入れて！』ってやってみますね」

一般に、ひとりっ子はきょうだい間の関係を経験していないため、他者と上手に関係をつくっていく「人間関係のスキル」が身につきにくいといわれています。

しかし、最近の子どもたちは、きょうだいの有無に関係なく、全般に人間関係スキルが未熟な子が目立ちます。物事を自分の視点からしか考えられない子が増えたのです。そのため、心理学をよく勉強した先生がいる学校では、たとえば先生自身が遊んでいる子どもたちに「入れて」といって仲間に加わったり、逆に「いっしょにあーそぼー」といって遊びに誘ったりといった、人間関係のスキルを系統的に教える例が増えています。

親がサポートできること

ひとりっ子の人間関係のスキルは、親御さんのちょっとしたサポートで十分に補うことができます。次のようなことを心がけてみてください。

●子ども同士で関わる機会を意識的に増やす

子ども集団への社会デビューに少しハンディがあるひとりっ子には、０歳児のときからできるだけ子ども同士でふれあう機会をつくりましょう。

人間関係の力は、基本的には他人とふれあうことでしか身につきません。

私の娘はひとりっ子ですが、早い時期から保育園に通ったことは、人間関係の力を身につけるうえで、とてもよかったと思います。

●親がお手本を見せる

小学生になっても、友だちが遊んでいる輪に「入れて」と言って自分から入っていけない子はたくさんいます。単に「どうすればいいのかわからない」だけなので、具体的に親がお手本を見せてあげましょう。

「じゃあお母さんがまず言ってみるね」と子どもに話し、お友だちの輪の中に入って「何してるの？　仲間に入れて」と目の前でお手本を見せるのです。

●先回りしない

お子さんを心配する気持ちから、お母さんが先回りして「ワガママ言うと嫌われるよ」などと指摘してしまうと、子どもは仲間から指摘されて「気づく」チャンスを失ってしまいます。親から言われても、「またお母さんが言ってる」としか思いませんが、友だちから言われてハッとすると大きな学びになります。

小さなうちに、人間関係の失敗や挫折を経験することは、とても大事なことです。仲間同士の関わり合いのなかで、傷つきながら学ぶことが、タフな心を育ててくれるのです。

お子さんが危険な目にあわないか見守ることは必要ですが、先回りしてお子さんの気づくチャンスを奪ってしまうのは避けましょう。

●相手の視点に立つことを教える

きょうだいがいると、妹に隠れて自分だけおやつを食べたり、反対に妹におやつを食べられてしまったり、といった理不尽な出来事が起こります。自分がイヤなことをされて初めて「いけないことだったんだ」と相手の気持ちを知ることができます。ひとりっ子には、その機会が少ないため、想像力が働かずに、うっかり相手にとってイヤなことをしてしまうこともあります。

「そういうことをしたら、○○ちゃんはどう思うかな?」と問いかけることで、他者の気持ちを想像する力を育てていきましょう。

●絵本を読む、読書をする

ひとりっ子は、きょうだい関係から生じる「楽しい!」「くやしい!」「切ない」といった感情を直接体験する機会が少なくなりがちです。読書を通して本のなかの登場人物に感情移入することは、間接経験ではありますが、とても重要な意味をもちます。

「親が死んだあと、ひとりぼっちになるのが心配です」

ひとりっ子の親御さんにアンケートを取ったことがあります。

そのとき、「ひとりっ子の子育てで不安なことは？」という質問に対して、

「両親が死んだらひとりぼっちになってしまう」

「将来親に何かあったとき、助け合うきょうだいがいないことが心配」

という回答が多く見られました。

ひとりっ子の親御さんの大半が、こんなふうにわが子の行く末を案じているのではないでしょうか。


でも、本当にそんな心配をする必要があるのでしょうか？

私は必要ないと思います。

きょうだいがいようといまいと孤独な人はやはり孤独ですし、そうでない人は孤独ではありません。

確かに、成人してからもきょうだい同士密接な関係が続いている人もいます。しかしその一方で、「きょうだいと会うのは冠婚葬祭くらい」という人もいます。

きょうだいがいて心強いときもありますが、きょうだいがいるからこそ、親の介護や財産分与について意見が衝突してしまうこともあります。

行政書士をしている50代のひとりっ子の男性は、次のように言います。

「ひとりだからこそ、親の死後の財産整理を簡単に終えることができました。仕事柄、遺産相続や介護で仲たがいしているきょうだいの例をたくさん見てきました。ひとりっ子は決してマイナスなことばかりではないんですね」

親の最後を看取った別のひとりっ子女性は、こう言います。

「介護をしているときは確かに誰かに相談したいと思う場面もありました。しかし、いとこや友だち、行政サービスの担当者に相談して乗りきりました。きょうだいがいれば入れたい病院も違うし、負担できる額や動ける時間も違ってくるので、もめごとになることがよくあるようです」

老後にきょうだい同士で協力し合える場合もあれば、衝突し、いがみ合いを起こすことも少なくありません。

きょうだいがいれば安心というのは、勘違いです。

大切なのはきょうだいの有無ではなく、お子さんが大人になったとき、「いざというとき頼れる相手」をもてるかどうかです。

漠然とした不安を抱え込むよりも、ひとりっ子でもいとこや友だちなどの頼れる存在をつくり、困ったら誰かに相談できるような子に育てていくことが大切です。

まだまだ先のことですが、少しでもお子さんの負担を減らそうと思うなら、エンディングノートなどに財産の概要や葬儀の希望などを記しておくといいでしょう。

第3章

「立ち直り力《レジリエンス》」を育む

「甘えられること」の重要性

ひとりっ子は、みんな第一子、親にとって初めての子どもです。初めての子育ては、どうしたらいいかわからないことが多く、緊張や不安が伴います。この親の緊張が子どもに伝わるため、**第一子は緊張・不安が強くなりがちです。**特に男の子（第一子長男）に、その傾向は強いようです。

初めての子育てでも「大丈夫！」と自分に言い聞かせて、できるだけリラックスして子育てしていきたいものです。それが親御さん自身の心の安定につながります。

また、ひとりっ子はきょうだいがいる子と違い、ちょっかいを出されたり、我を張り合ったりといった、いわゆる「イヤなことをしたりされたりする経験」がないので、お子さんが打たれ弱くなるのではと心配される方もいるようです。これは、親の対処次第で乗り越えることができます。

たとえば、「今日、こんなイヤなことがあったんだ」と落ち込むお子さんに、みなさんはどんな言葉かけをしていますか?


「やり返せばいいのよ。言い返しなさい」

「あなたにも、いけないところがあったのかもね」

「それくらいガマンしなきゃ」

「もう少し強くなりなさい」


こんなふうに檄を飛ばしたり、お説教をしたりしてはいないでしょうか。

これはすべて間違った対処法です。

お子さんは限界を超えてつらいのに、こんなことを言われるとますます精神的に追いつめられてしまいます。

「もうお母さんに言うのはやめにしよう」

そう思って心を閉ざし始めるお子さんもいるでしょう。

つらいとき、子どもは、**励ましてもらいたいわけでも、解決方法を知りたいわけでもありません。お母さんにつらい気持ちを聞いてもらい、甘えたいだけなのです。**

十分に話を聞いて甘えを受け入れてあげましょう。

それでは強い子に育たないのではないか、打たれ弱い子に育ってしまうのではないかと心配される方もいるかもしれません。

違います。

十分に甘えることのできた子は、心のタフな子に育っていきます。逆に、あまり甘えられなかった子は、踏ん張りのきかない、心の折れやすい子になってしまうのです。

お子さんが、ケンカやイジメの場面で負けて、ちょっとイジられただけで泣いたり怒ったりしてしまうこともあるでしょう。

大人から見ると、「そんなことを気にするなんて……」と、驚いてしまうほどのささいなことで、傷ついたりくよくよするお子さんは多いのです。

でも、たとえ「えー!!　うちの子弱い！　こんなこと気にするのか！」と情けなく思ったとしても、まずは否定せずに受け止めてあげてください。気にしなくてもいいことが気になる……。それが、子どもというものだからです。


「そうか、ケンちゃん、とっても大変だったんだね」

「つらかったね、アヤノちゃん」


そう言って思いきり抱きしめてあげましょう。

ここで、お母さんがいっしょに落ち込んではダメです。とにかくつらさを受け止める。泣いていたら、泣かせてあげる。**甘えを受け止めてあげることでお子さんの心のエネルギーがジワーッとたまってきます。そして心のエネルギーがたまってくると、「また頑張ろう」という気持ちになってきます。**

こうやって心が回復していく力をレジリエンスと言います。

レジリエンス＝「立ち直り力（心の回復力）」は、こうして身につく

事故や災害、別離などのつらい目にあったときに、そこから比較的早く立ち直ることができる人と、そうではない人がいます。こうしたことから、比較的早く立ち直ることができる人のもつ「心の回復力」をレジリエンスと呼ぶようになりました。

外部から強い力を加えたときに、硬く強度は強いものの、弾力性が乏しいものはポキリと折れてしまいます。それに対して、しなやかな弾力性のあるものは、もとに戻る力が強いといえます。レジリエンスが高い子どもは、こうしたしなやかな弾力性のある「心の力」をもっているのです。

この力を身につけるには、

「いろいろつらいことがあったけど、ぼく（私）は大丈夫だった」

という体験を、幼いうちから何度も繰り返しさせることが必要です。そして、そのつらい体験のなかで、

「何があっても親は私のことを見捨てない」

「お母さん（お父さん）は、何があっても私の味方だ」

という肯定的体験をもつことです。

具体的には、次の３点が大切なポイントです。

①無条件に受け入れられ、肯定されること

母親（あるいはそれに代わる人）から「あなたの存在は大切だ。そのままで、いるだけでＯＫだ」と、まるごと受け入れられ、無条件に存在そのものを肯定されることです。

すると子どものなかに「生まれてきてよかった。この世界は生きるに値する」と

いう人生に対する基本的な信頼感が育ちます。

②生きる上でのモデルがあること

「あんな人になりたい」「こんなふうに生きていきたい」と思える人が近くにいると、子どもは、将来に対する希望や展望を抱くことができます。将来の自分について、具体的なイメージをもてると、困難に直面しても立ち直りやすくなるのです。

③親から手を出し「甘やかす」のではなく、子どもから「甘えてくる」のを受け入れること

親から先に手を出して、なんでも買い与えるなどして「甘やかす」のは、子どもが甘えたいときに、十分に「甘えさせてもらえること」とは違います。「甘やかされた」子どもはエネルギーの小さな子どもになりますが、「甘えたいときに受け入れられた」子どもは心のエネルギーが蓄えられています。そして、「ぼく（私）は

人生で基本的に受け入れられ肯定されているんだ」という感覚が育っていきます。すると、多少つらいことがあったとしても、「もうちょっと頑張ろう」という前向きな気持ちをもつことができるようになるのです。

何かトラブルがあったとき、

「それは○○ちゃんが悪いねー」

とジャッジを示す親御さんが少なくありません。しかし**親の役割は、誰が悪いか、誰が正しいかを示すことではありません。**それはお子さんがみずから考え、気づくことです。上から教えてもらうことではないのです。十分に甘えさせるだけでいいの？　と疑問に思われるかもしれません。それだけでいいのです。そして、これは意外と難しいものです。

子どもがつらそうにしているとき、すぐに「気にしなければいいじゃない」「強くなりなさい」と励まして、お子さんの気持ちを受け止めないまま、「はい、終わり」としてしまうお母さんが多いからです。

つらい気持ちをお母さんに受け入れてもらえない子どもは、「何をやっても自分はどうせダメなんだ」「お母さんから否定されるんだ」という無力感を抱えて生きるようになります。

そして、「どうせダメだから」と頑張らないことで、成績が悪くなる。その悪い結果を見ることで、「やっぱりぼくはダメだ」という気持ちを強めていってしまいます。これを「**学習性無力感**」と言います。「どうせぼくなんて」という気持ちから抜けられなくなってしまうのです。

また、十分に甘えさせてもらえなかった子は、「いざ、ここが大切！」というときに、踏ん張れない子になってしまいます。

大学で、授業のときは毎回いつもいちばん前の席に座って熱心に聞いているのに、肝心なテストの日だけ休んでしまう。あるいは、就職活動で100社にエントリーして、ようやく1社だけ書類が通ったのに、その会社の面接のときだけ休んでしまう。

このように人生でいちばん大切な、**いざというとき踏ん張りの効かない子、肝心なときに頑張れない子になってしまうのです。**

つらいことがあって、お子さんが弱っているとき、くれぐれも、

×「もっと頑張れ」「強くなれ」と励ます

×「なんでできないの」「それくらいがまんしなさい」とお説教する

といった対応法はやめましょう。

「立ち直り力」をもつ子どもの特徴は？

レジリエンスが高い子どもには、次のような特徴があると言われます。

①好奇心が旺盛である

好奇心が旺盛で、いろいろな新しいことに興味をもつことができる子どもは、深刻な状態から一歩、前に進む力が強いのです。

②感情のコントロールができる

自分の感情をうまくコントロールできる子どもは、落ち込んだり、混乱したり、イライラしたりしたときも、その状態にどっぷり浸り続けることはありません。感情をコントロールすることで、その状態から比較的はやく回復することができます。

③未来に展望をもつことができる

将来に夢や目標があったり、計画を立てたりと前向きな展望を持つことができる子は、落ち込んだ状態からはやく、自分を引き離して、回復することができます。

こんな特徴がある子は、つらいことがあっても、そこから回復することのできる「弾力性のある心」の持ち主であると言えるのです。

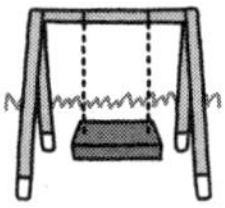

「やられっぱなし」の子がイジメから身を守るには

小学校3年生のトモヒロくんのお母さんは、「うちの子はいつもやられっぱなしなんです」と悩んでいます。

「いつもいっしょに遊んでいる仲良しの男の子がいるんですが、命令されたり、ランドセルをもたされたり、交換したくないカードを無理に交換させられたりしているようです。この前、元気がないので『どうしたの?』と聞いたら、『○○が、意地悪するの』とワーッと泣き出してしまいました。いまも意地悪は続いているようです。これは、やり返させないといけないですかね？」

人のいいお子さんは、こんなふうに相手につけこまれてしまうこともあるでしょう。

でも、「やられたらやり返せ」「目には目を」と教えてしまうのは、「自分の身をまもるためなら相手を傷つけてもいい」ということになってしまいます。やり返したことで、自分自身がまた危険にさらされる可能性もあります。

自分の身を危険から守るために必要になるのが、「アサーション」です。相手を責めずに自分の気持ちを伝えることです。お子さんといっしょに練習してみましょう。

●交換したくないカードを交換しようと言われたとき

×「イヤだって言ってるだろ！」と泣いてキレる。（キレる）

×「……そんなに言うならいいよ」と自分の気持ちを抑え、相手の言うとおりにする。（耐える）
○「これは、大切にしてるカードだから交換したくないんだ。でも、こっちならいいよ」と言う。（アサーション）

「ちなみにお母さん、忙しいときお父さんに用事を頼まれて、『なんなのこんなときに！　自分でやってよ』と思いながら、それをお父さんに伝えられずがまんしてしまうことはありませんか？」

「しょっちゅうありますよ（笑）」

「失礼ですが、それは先の例でいうと、『……そんなに言うならいいよ』と相手の言いなりになっている子どもといっしょです。自分の気持ちを伝えずに、がまんしてしまっていますね」

「えーっと、そういうときは『今日は忙しいからちょっと無理だな。明日でもいい？　今日中にやる必要があるなら、悪いけど自分でやってくれたら助かるんだけど』と言えばいいんでしょうか」

「そうです、そうです。ぜひトモヒロくんにお手本を示してあげてくださいね」

相手に無理なことを強引にさせられそうになったときは、①強く出て相手を攻撃するか、②がまんして気持ちを言葉にできずにいるか、ふたつしか道がないと思いがちです。

もうひとつの方法、アサーションは、**相手のことを大切にして配慮しつつ、自分の気持ちをさわやかに伝える方法です。相手も「責められた」と感じませんので、報復や攻撃されることもありません。**

お母さん自身が、ふだんからアサーションを実践し、お子さんにお手本を示してあげてください。

ひとりっ子の友だちのつくり方

きょうだいがいないぶん、親としては「友だちをたくさんつくってほしい」と願います。

もし、強い絆で結ばれた友だち関係を子どもにもたせたいのであれば、次のふたつを実践してみてください。

①親が自分の友だちを家に呼ぶ

「友だちつくったほうがいいよ！」と100回言うよりも、親御さん自身が、自分の友だちと楽しく過ごす様子を1回でも見せるほうがずっと効果的です。ママやパパの親しい友だちをどんどん家に呼び、親交を見せることで、子どもも自然と「友だちっていいものだな」と思うようになるのです。

また、親以外の大人とのふれあいは、ひとりっ子にとってとても重要です。親とは違う価値観にふれる貴重な体験ができます。いろいろな仕事についている人と、直接ふれあい話をすることで、子どもは影響を受けます。親の友だちとふれあうことを通して、「大きくなったら○○さんみたいに、△△の仕事をしたい」と、自分の「なりたいもの」を見つけられる子どももいます。

②自宅を「開放区」にする

家を児童館並みに開放しましょう。

「いつでも誰でも連れてきていいよ」とオープンにするのです。このとき「この子はいい、あの子はダメ」と親がお友だちを選んではいけません。**いろんな性格の友だちが混在しているゴチャゴチャの空間が、お子さんの友だちづくりにいいのです。**

いまは「子どもの友だちを家に呼びたくない」というご家庭が増えています。共働きで平日は不在のため家に呼べなかったり、家を汚されるのが負担だったりと、さまざまな理由があることでしょう。

それだけに「遊びに来ていいよ」と言ってくれる家は貴重です。

ただし、くれぐれもお母さんの負担にならない範囲で、遊びに来る子たちには「わが家のルール」を守ってもらいましょう。

子どもにはあいまいな表現だと通じないので、「ゲームは1時間まで。あとは外で遊ぶ」「帰るときはひと声かけてね」と、具体的にはっきりルールを教えましょう。

子どもは慣れてくると「この家、暑い。クーラーかけて」「テレビ小さいね。うちのはもっと大きいよ」などと、イラッとくることを言うものです。子どもと同じ土俵に立っていちいち目くじら立てず、「そうなんだ〜」と受け流す大人の対応も必要です。

「友だちは多いほうがいい！」と子どもを追い込んでいませんか？

自宅を児童館状態にするのは、かなりハードルが高いと思われた方もいるでしょう。

自身もひとりっ子で、小学校６年生のひとり息子を育てているマキさんは、「友だちが少ない息子に、友だちをつくってあげたい」と、相談に来られました。マキさん自身、おとなしいタイプで、子どものころ、友だちが少なかったといいます。

「息子が私と似てしまったのではと心配です。休みの日も誰からも誘われないようで、ずっと家にいるんです」

「家ではどう過ごしているんですか？」

「ゲームをやって、ペットの犬を散歩させて、宿題をして……といった感じです」

「学校では、楽しそうですか？」

「一応、仲良くしている友だちはいるにはいますが、ひとりかふたりくらいです。放課後やお休みの日に遊んだのも数える程度です」

「それなら心配はいらないと思いますよ。友だちがたくさんいたほうがいいと思うのは、実のところ親御さんがそう思っているだけで、お子さん自身はそう思っていないことが多いのです」

「そんな……私は子どものためにそう思っているんですが」

「もちろんお母さんの気持ちもわかりますよ。家でお子さんがひとりでじっとしていると、うちの子大丈夫かしら、うまくやっていけているかなと心配になってしまうんですね。友だちと楽しく遊んでいれば、ホッとしますよね。

　でも、考えてみてください。子育ては、お子さんが幸せな人生を歩むことができるようになれば成功です。お子さんが大人になったとき、幸せを感じながら生きていることが大切なのです。お子さんは少ないながら友だちがいますし、ひとりの時間も充実しているように思いますが……」

「確かに、毎日楽しそうにはしています……」

「むしろ、**お母さんがお子さんに『友だちと遊ばないの？』『誘われたりしないの？』と質問することが、お子さんの心を追い込んでいるかもしれません。『友だちの少ない自分はダメでみじめな子だ』とお子さんは感じてしまいがちです**」

「あ……確かに、私も小学生のとき、親から『お友だちと遊んだら？』と言われて、いつも『友だちがいない自分はダメなんだ』と思っていました」

「親御さんに悪気はないのですが、こうした言葉かけが、子どもの心を傷つけていることは意外に多いのです。お子さん自身が『もっと友だちがほしい』と悩んでいるなら、友だちづくりの手伝いをしてあげるといいでしょう。しかし、ひとりでも楽しく過ごせているのであれば、自分のペースで過ごさせてあげましょう。**友だち**

は多くても少なくても、幸せに生きていければOK。そう思って、もっと気楽に子育てしていけるといいですね」

ひとりっ子の「欲」を育てる

「うちの子、誕生日プレゼントに何がほしい？　と聞いても、『別に……』と答えるだけで、まるで物欲がないんです。遊園地に行って『どっちに乗りたい？』と聞いても、『どっちでもいい』ばかり」。そうため息をつくのは、小学校4年生の息子さんをもつお母さんです。

「ふだん、物を買ってあげることは多いほうですか？」

「……ひとりっ子なので、夫も私も、私の両親もよく買ってあげます」

「お子さんがほしがったら、たいてい買ってもらえる、という状況ですか？」

「ほしがったら、というより、好みのものはだいたいわかるので、お菓子や恐竜の本、オモチャなど好きそうなものを与えていました」

「なるほど。それがいけなかったのかもしれませんね。子どもが自分からほしがるものを与えるのはいいのです。しかし**子どもがほしがる前に親のほうが先回りして与えてしまうと、子どもは自分が本当に何がほしいのか、わからなくなってしまうんです**」

「えっ⁉」

物欲がない子どもが本当に増えました。自分で「これがほしい」と言う前に親が先回りして与えすぎてしまうと、自分が何がほしいのか、わからなくなり、「欲求」そのものが小さくなってしまうのです。

これは、物欲に限ったことではありません。子どもが自分から「動物園に行きたい！」と言う前に連れて行ってもらえる……。「ひとり部屋がほしい！」と言う前に、親が個室を与えてくれる……。いまの子どもたちは、自分が望む前から、多くのものを与えられすぎています。

特にひとりっ子の親御さんは、子どもがひとりで経済的に余裕があるということもあって、「ほしがる前に先回りして与えてしまう」傾向があります。

「欲」は、「意欲」です。生きるエネルギーです。

与えすぎによって、子どもから「欲」を奪ってしまうと、自分の本当にやりたいことを見つけ、それに向かって必死に努力する心のエネルギーそのものが育ちません。

- **先回りして与え過ぎないこと**
- **子ども自身がほしくてほしくてたまらないものを、一生懸命アピールして、やっと手に入れる経験をさせること**

このふたつは、「ひとりっ子の子育て」において、とても重要なことです。

「選ぶ」トレーニングをさせよう

「ではうちの子、もう間に合いませんか⁉　ずっとこのままなんでしょうか？」

「いいえ大丈夫ですよ。大切なのは『特にない』『なんでもいい』と子どもが言ったときに、親が適当に選んであげたりしないことです。『なんでもいい』とお子さんが言ったときは、自分で『選ばせる』トレーニングの機会だと思ってください。3つ程度の選択肢を与えて**『この3つのうち、ほしいのはどれ？　自分で決めてね』と、自分で本当にほしいものを選びとる練習をさせましょう**」

「選ばせる……。たとえば、どんなことがありますか？」

「おやつのお菓子を選ばせる、日曜日にどこに行くかを選ばせる、今日夕食に何を食べたいか選ばせる、といった簡単なことでいいです。でも、これが、親が決めることに慣れた子には、なかなか難しいのです」

「今日からさっそくやってみます！」


ここで注意しなくてはならないのは、選ばせると決めたら、どんなに時間がかかってもお子さんみずからが選びとるまで、親は「待つ」ことです。

「これにしたら？」「あれ好きでしょ」などと誘導してはいけません。

イタリア人親子と日本人親子が、パン屋さんで買い物している場面に遭遇したことがあります。

イタリア人のお母さんは、子どもがパンを選ぶのを、10分以上待っていました。何も言わず、ただじっと待っているだけです。

日本人のお母さんは、「好きなのを選んでトレイにのせてね」と言ったくせに、子どもが迷い始めると、待っているのが面倒くさいので、「あら、○○ちゃんの好きなアンパンがあるわよ。あ、このパンこの前おいしかったよね。これにすれば」

などと誘導し始めました。これでは、まったく「選ぶ」トレーニングになっていません。

誘導するくらいなら、最初から「今日は時間がないからお母さんが好きなパンを買うね！」と、お母さん自身の選択として、親が選んだほうがいいのです。

選ばせると決めたら、どんなに時間がかかってもお子さんみずからが選びとるまで、「待つ」ことが大切です。

自分で決めるということは、その選択や決断に責任をもつということです。

選んだお菓子がおいしくなければ、自分のせいです。「○○ちゃん、これが好きだよね、これにしようか」といつもお母さんが決めていたら、子どもはなんでもお母さんのせいにすることに慣れてしまいます。

自己決定、自己選択の力を身につけることは、将来にわたって本当に自分がやりたいことを見つけるための練習といえます。

「選ぶ力」「決める力」が育たないまま大人になってしまうと、下手をすると、就職活動のときにも、「お母さん、どこがいい？」ということになりかねません。

自分で自分の人生を歩んでいく力を身につけるには、「自分はこれがなぜほしいのか」「自分はどんなものが好きなのか」を考え選ぶ機会をもつことです。それには、親御さんが先回りして、「これにしようか、ね！」などとなんでも選び、買い与えることをやめなければいけません。

お手伝いで協調性を身につけよう

ひとりっ子は、よく協調性がないと言われます。たしかに砂場で大きな山をみんなでつくっていても、なかなか輪に加われなかったり、みんなの遊びのルールを勝手に変えてしまったりすることもあるようです。

これは、「きょうだい同士でゆずり合ったり、協力したりしながら力を合わせ、ひとつのことを成しとげる」という経験不足のためです。幼稚園や保育園、小学校などで同じような経験はできるので、大半のひとりっ子は大人になれば周りと変わらない協調性を身につけていきます。

ですので、あまり心配する必要はありません。

協調性を身につけさせるために家庭で何かできることがあるとすれば、それは「お手伝いをさせること」です。

ひとりっ子にとって、お手伝いは重要な意味をもちます。

子どもを勇気づけて育てることを提唱しているアドラー心理学では、「みんなが幸せになるために、みんなと協力していきたい」という「共同体感覚」を人間形成で最も重要なものと考えています。

お手伝いは、この「共同体感覚」を身につけ、協調性を養うのに役立ちます。「自分も家族というチームの一員であり、チームの一員として役に立っている」という感覚を身につけることができるのです。

たとえば掃除することで、部屋がきれいになれば、自分も家族というチームの一員として役に立っていると実感することができます。この実感こそが、生きる意欲につながっていくのです。

「チームの一員として役に立つ喜びの体験」が乏しいと、働くことで自分の価値を実感したいという欲求や、人と関わっていきたいという気持ちが育ちにくくなります。下手をすれば、ネットおたくやひきこもりになってしまいかねません。

子どもに掃除させるよりお母さんが自分でやってしまったほうが早くきれいにできるので、お手伝いの機会を奪うお母さんも少なくありません。

しかし、**家事をさせることは、子どもの人格形成の最良の方法です。**自分でしたほうが早い家事であっても、お子さんになるべく手伝わせましょう。

年齢によってできるお手伝いの内容は違ってきます。小学校入学前であれば、お子さんが興味をもったこと、やりたがることでＯＫ。小学校に上がったら、「**それをしないと家族が困ってしまう」お手伝い、たとえば、お風呂洗い（洗わないと家**

族がお風呂に入れない）や、お米とぎ（やらないと家族がご飯を食べられない）などをさせるのがいいでしょう。「自分も家族というチームの一員として役に立っている」ことを実感できやすいからです。

3日間休んだら要注意

お子さんが学校に行かなくなると、大きなショックを感じる親御さんは少なくないでしょう。

「ひとりっ子だから不登校やひきこもりになりやすい」とは一概には言えません。不登校やひきこもりになる子には、きょうだいのいる子も少なくありません。特に、お兄ちゃんやお姉ちゃんが不登校の場合、弟や妹も不登校になるケースがしばしば見られます。

ひとつ覚えておくといいのは、お子さんが学校に行くのがつらくなったとき、最初の兆しは頭痛や腹痛などとして現れやすいということです。お子さんが「頭が痛い」「お腹が痛い」と言って何日か学校を休むとき、それは、「学校に行きたくない」「行くのがつらい」という気持ちの表現である場合があります。誤解してはいけないのが、お子さんはずる休みをしているわけではない、ということです。実際にお腹が痛くなるし、熱も出ます。仮病ではないのです。

心と身体はひとつです。頭痛、腹痛、発熱などが実際にある場合でも、学校を3日間以上休んだ場合、担任の先生に連絡して家庭訪問してもらうことで、学校から気持ちが離れるのを防ぐことができます。

もし、「担任の先生とは会いたくない」とお子さんが言っている場合にはどうするか。校長先生に事情を話し、「教育相談の得意な先生がいらっしゃったら、うちに来て話をしていただけませんか?」とお願いしてみるのもいいでしょう。

不登校は「きっかけ」と「原因」を分けて考える必要があります。

・きっかけ↓友だちとのトラブルやイジメなど
・原因↓学校を何日も休んでしまったので、行きづらい

不登校になる子の多くは、最初は友だちとのトラブルなどが「きっかけ」になって、「ちょっと行きたくないな」と思って、学校を休みます。しかし、学校を休んだ日が続くと、**休んだこと自体が不登校の「原因」になってしまうのです。**1週間（土日を挟んで9日間）休んでしまうと、大人でも外出するのがおっくうになってきます。「からだ」が動かなくなるのです。また、「こんなに休んで、友だちはどう思っているだろう」と周囲の子の目も気になります。これも、さらにお子さんを学校から遠ざけてしまいます。

ある地域の教育委員会では、欠席の理由に関わりなく、小学生が3日以上欠席したら、小学校から教育委員会に情報がいき、カウンセラーが家庭訪問に赴くシステムをつくりました。すると、小学生の不登校が約4割も減ったそうです。

まだ3日しか休んでいない時点だとなんとかできます。しかし10日も休むと、その子にとって行かないのが「当たり前」になってきます。

お子さんが3日間学校を休んだ時点で、すぐに学校や地域の教育センターなどに連絡してください。

「大げさでは？」「もう少し様子を見ようか」という事なかれ主義は、やめるべきです。「様子を見ている」うちに、お子さんはますます学校に行けなくなってしまいます。

学校の先生に連絡すると、「お母さん、おおげさすぎますよ」と言われるかもしれません。しかし、それぐらいでちょうどいいのです。

お子さんを必死で守りたいという気持ち。その気持ちが先生に伝わると、先生も動いてくれます。親御さんは心配しすぎるくらいでちょうどいいのです。かわいいお子さんのこと、それぐらい心配になるのが当たり前です。

ただしお子さんの前では、冷静に。動揺を隠して落ち着いて対応してください。

お母さんが心配していることが伝わると、お子さんもよけい不安になり、学校に行く意欲が削れてしまいます。

家庭訪問は担任の先生がベストではない

欠席が3日以上続き、カウンセラーが家に来ることになった場合、突然知らない人が来ても、子どもは戸惑うだけでは？　と思うかもしれません。しかし、知らない相手だからこそ話せることもあります。

ある中学校の先生が、興味深い調査をしました。中学2年生を対象に困ったときの相談相手に関する調査をおこなったのです。

すると、**友だちとのトラブル、いじめ、家庭の問題などについて、「相談したくない相手」のトップが担任の先生だったのです。**

毎日顔を合わせる担任の先生だからこそ、個人的な悩みは、相談したくない……。これが、小学校高学年から中学生くらいの思春期の子どもの心理です。

何かあったとき、お子さんに「誰と話したい？」と聞いてみてください。わからなければ校長先生に教育相談の得意な先生を聞いてお願いするのもいいでしょう。

ひとりっ子はノイズに弱い

品がよくて、子どももおとなしい家庭は、静かで〝ノイズの少ない〟雰囲気になりやすいものです。とりわけ、ひとりっ子の家庭では、大人の人数のほうが多いため、会話も落ち着いています。日常的なノイズが少ないのです。

このような家庭で育ち、さらにおとなしい子が集まる私立の学校に通わせると、ノイズ耐性の低い子どもになりがちです。ガチャガチャした雰囲気の集団に耐えられない子に育っていきやすいのです。

自分が直接いじめられなくても、乱暴な男の子の意地悪なふるまいを目の前にすること自体耐えられず、不登校になってしまう例もあります。

お子さんをノイズに強い子にするにはどうしたらいいか。

それは、多様な子どもが集まる場所に通わせることです。具体的には、

①同じような雰囲気の子が集まる私立を避け、多様な子が集まる公立に通わせる

②いろいろなタイプの子が集まるサークルや習い事、宿泊体験などを経験させる

といいでしょう。

どんな環境で育ったとしても、いつかは社会に出ていかなくてはいけません。そして、社会のなかは、さまざまなノイズでいっぱいです。ノイズに弱すぎることで、「この職場は、ガチャガチャしててちょっと無理」となり、お子さんの活動範囲を

狭めてしまうことのないよう、幼いころから心がけてみてください。

ガラスのプライドをもつひとりっ子の打たれ弱さを克服するには？

ひとりっ子が打たれ弱いひとつの原因は、プライドが傷つけられる経験が少ないことにあります。自分より勝るきょうだいに打ち負かされたり、「お前なんかたいしたことない」とバカにされる経験のないひとりっ子は、傷つきやすいガラスのプライドをもったまま育っていきやすいのです。

プライドが高いこと自体は悪いことではありません。「自分はやればできる！」という自信は心のエネルギーの源になります。

それだけに、小学校低学年くらいまでは、プライドをむき出しにして、友だちに自慢しすぎることもあります。

「この服、昨日買ってもらったんだ」

「あいつなんかより、オレのほうがサッカーうまいぜ」

「塾でいちばん上のクラスなんだ。○○ちゃんより上のクラスだよ」

親としては、自慢ばかりしていると友だちから嫌われないか心配で、「あんたはそれほど実力ないよ」「自慢してると嫌われるよ」と、ぺしゃんとやり込めたい気分にもなってきます。

でも、それをやってはいけません。特に友だちやその親の前で、ぺしゃんとやってしまうと、お子さんはかなり傷ついてしまいます。「うわ〜、自慢してるよ」「うちの子、虚栄心強いな」と思いながらも、しばらく見守ってあげましょう。

親がお子さんのプライドをペシャリとへこまさなくても、世の中は厳しいので、プライドは自然とへこんでいきます。

友だちとの関わりで、鼻をへし折られて落ち込んでいるときこそ、親の出番です。「ほら、やっぱり嫌われた」などと子どもじみたことを言ってはいけません。「そうだったんだー。それはつらかったね」と気持ちを受け止めてあげましょう。

子どもが軽い挫折を経験するたびに、親が受け止めてあげることで、レジリエンス（立ち直り力）を身につけていきます。心がへしゃげそうになったときに、親が受け入れ支えてくれる経験の積み重ねが心の土台となり、思春期になって人間関係が複雑化したり、進路で悩んだりしたときに「踏ん張る力」になるのです。

作家の室井佑月さんは、ひとりっ子で両親や祖父母からかわいがられて育ちました。そのため、小学校に上がるまで「自分は特別。なんでもできる」と思っていたそうです。ところが小学校に入ったとたん、成績は最悪……。「自分は普通だった！」と気づいたといいます。しかし、「やればできる」という自信は残り、作家としての活動においても、その思いがよりどころになっているそうです。

子どもが何かにつまずきそうになったときに親から無条件で「見守られる」「受け止められる」「甘えられる」経験を重ねることが、打たれ強いひとりっ子を育てるうえでいちばんの秘訣です。

第４章

ひとりっ子親のブレーキのかけ方

「4つのブレーキ」を効かせよう

ひとりっ子の最大のメリットは、親御さんから惜しみなく愛情を注いでもらえることです。しかし、同時に、子どもは親からの期待や関心も一身に受けてしまいます。

ですから、ひとりっ子の親御さんには、

「やりすぎない」

「頑張りすぎない」

「上手にブレーキをかけましょう」

とアドバイスしています。

具体的には、次の4つのブレーキを心がけてください。

①「しつけ」のやりすぎへのブレーキ

×ひとりっ子なので厳しいしつけを心がけている
×ひとりっ子なので甘えさせすぎないようにしている

ひとりっ子を親が「厳しくしつけよう」としすぎてしまうと、お子さんのなかには「お母さんは私のことが好きじゃないんだ」「お母さんは私のことをダメだと思っているんだ」という自己否定的な気持ちばかり残ってしまいます。これは、お子さんから「心のエネルギー」や「踏ん張る力」を奪ってしまいます。

「ひとりっ子はワガママ」
「ひとりっ子は甘えん坊」
というのは偏見です。

親御さんが厳しくしなくても、学校や社会で否応なく厳しい体験をするようになります。むしろ、親の役割は家の外で厳しくつらい体験をするお子さんの「心の基地」になって、何度でも受け入れて支えてあげることです。

②「習い事」にハマりすぎることへのブレーキ

×3つ以上の塾や習い事に通っている

×子どもがやめたいと言っても、簡単にはやめさせない

ひとりっ子の親御さんには、ピアノやバイオリン、お習字、スイミング、そろばん、スポーツ少年団、ボランティアなど、習い事や校外活動に熱心な方が多く見られます。

いろいろな習い事をさせること自体に問題はありません。実際、芸術の分野などで優れた才能を発揮している人のなかには、「子どものころ、日替わりでいろいろな習い事に行っていた」というツワモノがたくさんいます。いろいろかじってみることで、自分の興味の対象や得意なことが見えてくることもあります。

親が「どうしてもうちの子にこれをさせたい」と思うことにチャレンジさせてみるのも、悪いことではありません。

しかし、それを楽しめる子もいれば、楽しめない子もいます。イヤイヤ行っている習い事は身につきません。かえってそれを嫌いになるだけです。

作家の島田雅彦さんは、ひとりっ子の息子さんに柔道を強制的に習わせていたそうです。理由は「いじめの耐性を鍛えるため」。島田さんは、息子さんが中学生になるとき「柔道をやめて陸上をやりたい」と言い出したのを〝親が強制した習い事を拒否するのは自立のサイン〟と受け止め、認めたそうです。のちのち息子さんは「柔道は受け身から教わるけど、受け身を取るのは負けたとき。うまい負け方を教えるスポーツは他にない」と、柔道を習ったことの意味を見い出していたといいます。

この例のように「子どものときは親に無理やりやらされていたけれど、今になってみれば習っていてよかった」ということがあるのも確かです。

大切なのはお子さんの発しているサインを受け止めること。「本当に勘弁してくれ」というつらいサインを発しているときは、やはり無理に続けさせてはいけません。

子ども自身が「やってみたい！」という習い事をさせるときも、「約束事」を決めておくことをおすすめします。

・いったん始めたらすぐにやめない。最低でも1カ月は続けること

・きちんと家で練習すること

この2点を約束してから、始めさせましょう。

③「友だち関係」に口出しすることへのブレーキ

×誰と仲良しなのか、何をして遊んだかなどを根掘り葉掘り聞いてしまう

×家でひとりでいると「友だちと遊ばないの？」としつこく言う

ひとりっ子は、お友だちとの関係づくりがちょっぴり苦手かもしれません。でも、お母さんがさまざまな子どもとふれあう機会をつくってあげると、次第に慣れ、自然とほかの子たちと遊び始めます。

大切なのは「友だちづくりの機会はつくるけれど、口出ししすぎない」こと。「○○ちゃんと遊びなさい」「○○くんとはダメ」といったように、お母さん自身が遊ぶ友だちや、誕生日会に呼ぶお友だちを勝手に決めるのはＮＧです。

友だち関係へのよけいな口出しは、決していい結果を招きません。

④「勉強」させようとしすぎてしまうことへのブレーキ

×子どものテストや成績に一喜一憂してしまう

×お子さんの成績を、ほかの友だちと比べてほめたり叱ったりする子どもに期待をかけること自体は悪いことではありません。子どもは大好きなパパやママからの期待に応えようとして頑張るのです。

しかし、「期待しすぎ」や「ほかの子と比較する」のは禁物です。**親の期待に応えようとしすぎてしまうことを「過剰適応」といいます。**親の機嫌に敏感なひとりっ子は、過剰適応に陥りやすいのです。

さらに、「パパやママの期待に応えられないと、ぼく（私）は愛されないんだ」というのは、「条件つきの愛情」です。「お母さんは成績がいいぼくは好きだけど、勉強のできないぼくのことは愛してくれないんだ」と思ってしまうようになり、心の底からの安心感を抱けなくなります。

お子さんの成績について「**喜びすぎない**」「**落ち込みすぎない**」こと、**特に「ほかの子と比較してほめたり叱ったりしないこと」が大切です。**

「弟妹がほしい！」と言われたときの対処法

　4歳のコウスケくんのお母さんは、「先生、うちの子、ウソつきなんです」と深刻な顔をしています。

「この前、お友だちのお母さんから、『コウスケくんのママ、おめでた？』と聞かれたんです。私、妊娠なんかしていないのに……。どうやらコウスケが、友だちのお母さんに赤ちゃんができたのがうらやましくて、『ママのおなかにも赤ちゃんがいるよ』と、ウソをついてしまったみたいなんです」

「それはビックリしましたね。ただ、小さい子にはよくあることですよ」

「そうなんですか？　ウソをついたこともショックだし、コウスケが弟か妹をほしがっているということを知ったのもショックで……。高齢で体がきついので、子どもはひとりでいいと思っていたんですが、やっぱりもうひとり頑張ってつくったほうがいいんでしょうか？」

「いえいえ、そんなに深刻にならなくても大丈夫ですよ。お子さんは自分と友だちとを比べて、『うちにはなんで赤ちゃんがいないんだろう？』という疑問がわいてきただけ。一時的なものです」

「……そうですか。そんなに重く考えなくてもいいんでしょうか？」

「お母さんがドーンとかまえて安定した気持ちでいることが、お子さんにとって何よりもいちばん大事です。子どもの言葉に振り回されないようにしましょう」


子どもは友だちにきょうだいがいるのを知ると、「弟や妹がいる子がうらやましい」「赤ちゃんってかわいいな」と感じ、きょうだいがほしいと言い出すことがあります。小学生になれば、きょうだい同士で遊ぶ姿を見て、うらやましく思ったりすることもあるかもしれません。

しかし、それは一時的な感情です。気にしすぎないようにしましょう。

第二子を産む・産まないは、自分で望むがままにできないものですし、それ以前にあなたの生き方を決めるのはあなた自身です。「なんだか悪いな」などと思う必要はまったくありません。

大切なのは、お子さんの言葉に振り回されないことです。

お子さんから「私（ぼく）きょうだいがほしい！」と言われて心が揺れ、涙が出そうになったり、感情的な言葉を口走りそうになったときは、お子さんのそばをサッと離れましょう。

トイレにでも行って、５分、10分して気持ちが落ち着いてから、何気なくお子さんのそばに戻ってください。

お母さんが「ひとりっ子じゃやっぱりダメなの？」などと嘆き悲しんでいると、その姿を見ることでお子さんは、「ひとりっ子ってそんなにいけないこと？」などと、思ってしまいます。お母さんの不安がお子さんの不安を生むのです。

●子どもはひとりと決めているとき

「ぼく（私）にはどうしてきょうだいがいないの？」とたずねるお子さんに、きょうだいがいないことを前向きに受け止められるように、次のようなポジティブな言葉をかけましょう。

○「○○ちゃんがすごく可愛いから、子どもはあなただけでいいの」

次のような否定的な言葉は言わないようにしましょう。

×「弟（妹）を産んであげられなくてごめんね」

×「うちは子どもはひとりって決めてるの。ごめんね」

お母さんから、「ごめんね、きょうだいがいなくて……」と言われることで、お子さんは、「きょうだいがいないってみじめなことなんだ」と思うようになることがあります。きょうだいがいないという事実によってではなく、「ごめんね」と言うお母さんの言葉によって、お子さんの心は傷つくのです。

●お母さん自身、もうひとりほしいけれど、まだできていないとき

深刻にならず、さらりと説明してあげましょう。

○「神さまが決めることだから、お母さんにもわからないんだ」
○「お母さんもほしいんだ」

絶対に言ってはいけないのは、「○○ちゃんがいい子にしていれば赤ちゃんが生

まれるかも」といった言葉です。するとお子さんは「赤ちゃんができないのは、自分のせいなんだ」と自分を責めてしまいます。絶対に避けてください。

×「○○ちゃんがいい子にしていれば赤ちゃんがくるよ。悪い子だとこないよ」

×「お母さんも赤ちゃんできなくて悲しいよ」

子どもの遊びに どこまでつきあうか

ひとりっ子の子育ては、きょうだいがいる場合より、かえって手がかかることも少なくありません。ひとりっ子は家の中で遊び相手がいないため、いつも「ママ、ママ」とお母さんのあとを追いかけてきて、手が離せないからです。

ひとりっ子の親御さんは、お子さんといっしょに思いきり体を使って遊んだり、相談に乗ったりと、**「きょうだいや友だちの顔」と「親の顔」を両方もって使い分ける必要があります。**

だからといって「きょうだいがいないのだから、私が相手をしなければ」と義務感からイヤイヤ子どもの遊び相手をしてあげる必要はありません。イライラしながら遊んでいると、それが子どもに伝わって、お子さんは「お母さんは、ぼくといっしょにいても楽しくないんだな」「ぼくのことキライなんだな」と感じてしまうからです。

また、親が、いつでも際限なく子どもの遊びにつきあっていると、子どもが「自分が望めばいつでも遊んでもらえるんだ」「親は自分の言いなりなんだ」という、自己中心的な考えをもってしまうことにもつながります。

基本的には、お母さん自身も自分の読みたい本を読んだり、家事をしたりと、自分のことをしながら、お子さんの「ママと遊びたい」求めに〝できる範囲〟で応じていけばＯＫです。

料理や掃除といった家事を、お子さんと楽しみながらやるのもおすすめです。

大切なのは、お母さん自身がハッピーでイキイキした顔で毎日を過ごせていることです。お母さん自身がハッピーでいることが、お子さんの心をハッピーにできる。いい子育てができるのです。

また、家族旅行に行くときに、「うちの子どもがひとりじゃさみしいから」と、必ず子どもをもつ家族を誘うお母さんがいます。悪いことではありませんが、毎回だと「やりすぎ」です。お母さんは、お客さまを楽しませる旅行代理店ではありません。パパ、ママ、子どもの3人で協力して〝楽しい旅行〟という目的を達成するのも〝チームワーク〟や〝達成感〟を育てるいいきっかけになります。

「家族＝楽しい旅という目的を達成するためのチーム」「自分もチームの一員」という感覚を育て、目的達成のために3人で力を合わせる経験が、お子さんの成長に役立つのです。

いつも子どもを楽しませていなきゃ、という強迫観念は捨てましょう。

離婚するときにかけたい言葉

子どもは親が離婚すると、「自分が悪い子だったから、こうなったんだ」と思うことがあります。子どもは自分の身の回りで起こることをすべて自分に結びつけて考えるところがあるのです。

離婚するときは必ず、「あなたは悪くない」とはっきり、口に出して伝えてあげるようにしましょう。たとえば、こんな具合にです。

「お母さんとお父さんは、仲良くしようと努力したけど、別々に暮らしたほうが仲良くできるみたい。でも、**お母さんもお父さんもあなたのことが大好き。お母さんとお父さんが別々に暮らすのは、決してあなたのせいではないのよ**」

シングルマザーは母性が不足しがち

離婚したあと、シングルマザーが注意したいことは、「父親がいないぶんしっかり育てなくては」と、子どもに厳しくあたりすぎてしまうことです。

こんな例もあります。

シングルマザーのサチエさんは、保育園児のトモミちゃんとめったに手をつなぎません。シングル家庭で育つひとりっ子のトモミちゃんに、強くたくましく育ってほしいという思いがあるからです。お迎えに行ったときもひとりで帰り支度をさせ、グズグズしていたら容赦なく手を振りほどいてスタスタと先に歩いていきます。仲良く手をつないで帰っていく親子が多いなか、ふたりの姿はとても目立ちます。

あるとき、トモミちゃんのおねしょが止まらなくなったことがあります。保育園の先生に相談したところ「もうちょっとスキンシップしてみたらどうですか？　たとえば手をつないで帰ったり、いっしょに寝てあげるとか」とアドバイスされました。半信半疑で実践してみたところ、おねしょはピタリとやんだそうです。

シングルマザーの方にはこのサチエさんのように、「お父さんがいないぶん、その役割を自分が果たさなければ」という気負いから、お子さんに厳しくしすぎる人が少なくありません。社会のルールを教える「父性」を、「母性」より強く発揮してしまいやすいのです。

シングル家庭の子に必要なのは、何があっても１００％自分を受け入れてくれる人の存在です。それが「母性」です。しかし、「父親がいないから、厳しく育てなくては」という思いが強すぎるシングルマザーの家庭は、「母性不在」の家庭になってしまいがちです。するとお子さんは「何があっても自分は大丈夫！」という心の安全基地がなくなり、不安定になってしまうのです。

離婚していなくても、お父さんが仕事で忙しく不在がちな日本の家庭では、「実質シングルマザー」状態で子育てしているお母さんがたくさんいます。多くの家庭がシングルグル家庭と似たりよったりの状況なのです。

お母さんひとりで母性（アメ）と父性（ムチ）を使い分けるのは、とても難しいことです。「うちは父親がいないんだから、私ひとりで父と母、両方の役割を果たさなきゃ」と気負うのをやめましょう。「父性の役割」は、学校や塾の先生、おじいちゃん、親戚のおじさんなどでも果たすことができます。

「お母さんは、何があっても、あなたがどんな悪いことをしても、あなたを100%受け入れるよ」

という絶対的母性（無条件の愛）のほうを優先してください。それが、お子さんが育っていくためにいちばん必要なものだからです。

お母さんが働いている
ひとりっ子家庭の居場所づくり

「仕事は私の生きがいなので、絶対にやめたくないんです。でも、帰宅がどうしても7時過ぎになるので、6時に息子が学童から帰って来たあと、ひとりで過ごすことになってしまうのが心配です。きょうだいでもいれば、さみしくないと思うんですが……」。

こう話すのは、息子さんが今度小学校1年生になる予定の、ワーキングマザーのユミさんです。

「働くお母さんにとって、小さいお子さんがさみしがっていないかは、とても気になるものですよね」

「そうなんです。私の母からも『そんなに小さいうちからひとりにして大丈夫なの？』と言われてしまって……。何か心理的に悪い影響などが出ないか不安です」

「心配ありませんよ。イライラカリカリしているお母さんが家にいるくらいなら、働きに出ているほうがお子さんにとってもずっといいでしょう」

「でも、毎日夕方1時間もひとりでいるのは、実際、さみしいですよね？」

「確かに、さみしいでしょうし、きょうだいのいる子を見て『いいなあ』と思うことはあるでしょう。でも、さみしさと引き換えに、人間の〝孤独〟の感情を早いうちから経験できるのは、お子さんの成長にとって大きなメリットになるはずです」

「孤独って悪いことじゃないんですか⁉」

「孤独の時間にこそ、子どもはさまざまにイマジネーション（想像）をふくらませます。それによって、内面の世界が深まっていくんです」

「子どもがひとりでいる時間にも意味があるんですね！」

「ただ、あまりにもひとりの時間が長くてさみしすぎるのは、やっぱりマイナスです。特に、**9歳、10歳頃からはいろいろな点で人との違いを意識しやすく、不安定**

になりがちです。個人差はありますが、孤独を感じやすくなる時期です。できればお母さんは、お子さんが小４から中３くらいまでの時期は家にいる時間を増やせるといいですね」

「そうなんですか⁉　子どもが高学年になったら思いきり残業できると思っていました……。でも、確かに高学年になると学童もなくなりますし、よけいに孤独を感じやすくなるかもしれませんね」

「そうですね。もし、お母さんが仕事でどうしても遅くなる場合には、児童館、ファミリーサポートやシルバー人材センターなど、さまざまな施設を利用するのもいいでしょう。こうした公的サービスに登録している方には意識が高い方が多いので、親といる以上に子どもに充実した時間を過ごさせてくれることもありますよ」

「情報をたくさんもっておくことが大切なんですね。塾や習い事も〝居場所〟になりますか？」

「もちろん、いいでしょう。塾でも、友だちができますしね。学校より塾で親友ができる子も少なくありません。そして、もし可能なら、家から5分以内のところに、本当に仲良しで、必要なときはいつでも受け入れてくれるお友だちの家があるといいですね」

子どもは塾が突然休みになるなどして、ポッカリ時間が空いたときに、「たまらないほどさみしい」気持ちになることがあります。子ども時代に同じ経験をしたことのある方は少なくないと思います。

突然訪れるたまらなくさみしいとき。地震があったりして不安になったとき。そんな、本当にひとりでいるのがつらくなったときに、気兼ねなく受け入れてくれるお友だちの家があると、お母さんとしてはすごく安心できると思います。

第５章

３人家族の
あやういバランス

「ヨコの関係」で3人家族の緊張をゆるめよう

当然ですが、ひとりっ子の家族には子どもがひとり。メンバーは3人です。祖父母が同居している場合をのぞけば、常に3人で行動することが多く、ひとりっ子は、「大人2　子ども1」の〝緊密な三角関係〟のなかで多くの時間を過ごすことになります。

もしこの家族に〝緊張感〟がただよっているとしたら、お子さんは子どもひとりで大人ふたりのつくり出す重圧を受け止めなくてはなりません。

また、親子という「タテの関係」しか家庭のなかに存在しないひとりっ子は、会社でいえば、いつまでも「新人は自分ひとりだけ」状態なのです。これはキツイです。

ではどうすればいいのか。

親が子を「ほめる・叱る」という「タテの関係」だけでなく、そのなかに、友だちやきょうだいのような「ヨコの関係」を上手に取り入れていくことです。

「友だち親子」については、批判する人が多いですが、ひとりっ子の家族の場合、家族間の緊張をゆるめるために、「友だち親子的要素」があるほうがいいでしょう。

●「ほめる」から「ともに喜ぶ」へ

×「よく頑張った！　やればできるね」（上から目線でほめる・タテの関係）

↓

○「○○ちゃんすごい！　お母さん、○○ちゃんの頑張っている姿を見られて、うれしいよ」（ともに喜ぶ・ヨコの関係）

●提案するとき

×「今年の旅行、北海道に連れて行ってあげようか」（上から目線・タテの関係）

○「今年の旅行、北海道に行こうと思うんだけど、どうかな？」（提案して、子どもの自己選択を促す・ヨコの関係）

「上から目線」でほめる・叱るは、子どもを上下の関係で「子ども扱い」した関係です。「ヨコの目線」は、子どもをひとりの人間として尊重した「大人扱い」した関係です。「上から目線」で「子ども扱い」された子は、「どうせぼくはまだ子どもだから」と思い成長しません。ひとりの人間として尊重され「大人扱い」された子は、その信頼に応えようとして成長していくのです。

親が上からものを言う「タテの関係」ばかりではひとりっ子は窒息してしまいます。成長を促すためにも、意識的に「ヨコの関係」を取り入れていきましょう。

こんなときは「タテの関係」に戻ろう

ただし、当然のことながら親子は対等ではありません。

大ケガをしそうになったとき、海で子どもが危険な地帯に入ろうとしているときなど、自他の生命を危険にさらしかねない場合は、親は声を荒げてでも「それは、してはいけない」と**上から断定的にしっかり伝えましょう。**たとえ怒鳴られても、自分の命を守ろうとしてくれる気持ちが伝わってきたなら、子どもは親の愛を感じることができるはずです。

万引きをする、ほかの子をいじめるなどの卑劣な行為をしたときにも、親は身体を張ってでも子どもの「壁」になるべきです。

特に誰かを「いじめた」場合には、**親は子どもを連れて相手の子の家に謝罪に行**

くべきです。深々と頭を下げながら「申し訳ありませんでした」と言う親の姿を見て、初めて「自分はなんて卑劣なことをしてしまったんだ」と罪の意識を身震いするような思いで感じる子は少なくありません。

子育て方針が夫婦で異なるときは

３人家族がぎくしゃくしやすいのは、お母さんとお父さんで子育てについての意見がぶつかるときです。

育ってきた家庭環境や考え方が違うのですから、夫婦でも子育て観が違うのは当たり前です。しかし頭ではそうわかっていても、実際に子どもの前で考えがぶつかってしまうと、腹が立ったりイヤになったりします。

たとえば、お母さんはいつも食事前には甘いお菓子を食べさせないようにしています。なのに、たまにしか家にいない夫が「いいんじゃない。いま食べちゃえば」などと言い出したりすると、母親としては腹が立って当然です。しかも子どもが「パパ大好き。ママはケチ」などと口にしようものなら、はらわたが煮えくり返る思いをするでしょう。夫からすれば、なぜ妻はあんなにガミガミ言うのかまったく理解に苦しむ……などと思っているかもしれません。

そんなとき、肝心の子どもはどう思うでしょうか？

「お父さんの言うことを聞くと、お母さんの機嫌が悪くなる」
「お母さんの言うことを聞くと、お父さんの機嫌が悪くなる」

こんな状態になっていませんか？

すると、子どもはいつもどちらかのご機嫌をうかがっていなくてはならず、安心して生活することができません。「まったくさぁ、パパとママはさ……」とグチをこぼし合う仲間がいないひとりっ子は、つらくなります。

子育ての仕方について、夫婦で言葉にして話し合っておくことはきわめて大切です。

ポイントは具体的に話し合うこと。お互いに、ゆずれるところ、ゆずれないところを具体的に出し合い、「基本は、夕食前におやつはなし」「ただし、夕食の時間が19時以降になるときは、食事前オヤツはOKにする」などと、具体的なルールを決めておきましょう。

こうした話し合いをしないと、その場しのぎになり、細かいことでモメて子どもを不安にさせてしまいます。「それはやりすぎ!」「それはルール違反!」などと感じたときは、その場でもめるのはやめて、子どもが寝たあとで話し合うことにしましょう。

くれぐれも、親同士がお子さんの前で、お互いに子育ての正しさを競い合ってはいけません。

ひとりっ子にとって夫婦ゲンカほどつらいものはない

ひとりっ子の大学生、サトミさんは言います。

「ひとりっ子がイヤだと感じたことはないのですが、両親がケンカをしたときだけは、『きょうだいがいてくれたらいいのに』と思いましたね。明日の朝『あなたはパパとママ、どちらについていくの？』って聞かれたらどうしよう……そう思って悩んでいました」

また、４歳のユウタくんを育てているキョウコさんは、ひとり息子のこんな言動に驚いたといいます。

「息子が朝、急に熱を出したのですが、私も主人も仕事があり、病院にどちらが連れて行くかで大ゲンカしてしまったんです。結局、私が病院へ連れて行ったんですが、先生に『ユウタくん、今日はどうしたの？』と聞かれた息子がなんて答えたと思います？

『先生！　朝、パパとママがケンカしてたの！』って言ったんです。何も感じてないように見えていたんですけどね……。先生から『お子さんの前で夫婦ゲンカするのはほどほどに』と言われて恥ずかしい思いはしましたが、ユウタの本音が聞けてよかったです」

子どもはパパとママのケンカが大嫌いです。

特に、ひとりっ子はパパとママがケンカしたときに不安や恐怖を分かち合うきょうだいがいません。不安なとき、グチや不満を言う相手がいないというのは、大人の想像以上につらいものです。

しかし、夫婦はもともと赤の他人です。そのふたりがいっしょに暮らすのですから、ケンカをするのは当然のことです。ただし、ケンカをする際には、次の3つのルールを守りましょう。

①子どもの前では激しいケンカをしない

怒鳴り合ったり、泣き叫んだり、暴力をふるったりするのは、子どもに恐怖感を与えてしまうので絶対に避けるべきです。

②無視し合わない

ケンカはさまざまな形があります。バチバチやり合うケンカもあれば、お互いに無視し合って、ひと言も口をきかなくなる夫婦もいます。いわゆる「冷戦状態」です。これは子どもにとって大変息苦しいものです。家の中全体が「感情を押し殺す雰囲気」になりますので、**お子さんも感情を押し殺すようになり、「言いたいことが言い合えない状態」になってしまいます**。言いたいことが言えない状態が続くと、お子さんの「心のエネルギー」そのものが低下していきます。

③子どもの前で仲直りをする

子どもの前でケンカをしてしまったら、必ず仲直りの場面もお子さんに見せましょう。

ケンカは子どもの前で、仲直りは子どもが寝たあとで、というご夫婦は少なくありませんが、これはとてももったいないことです。パパとママが仲直りするプロセスを目の前で見せることで、子どもは「ケンカしても仲直りできるんだ」と安心感を抱きます。「うちは言いたいことを言い合っても大丈夫な家族なんだ」と感じると、のびのび育つことができます。

ひとりっ子家庭のお父さんの役割とは？

「子育てがつらい」というお母さんの話を聞いていると、ひとつの共通点があります。

それは、そうしたお母さんの大半が「実質シングル」で子育てをしているということです。

夫が仕事で忙しく、なかなか子育てを手伝ってくれない。何を相談しても「子育ては君に任せてるから」と言われる。そうなると、お母さんとしては「ふたりの子どもなのに、不当に子育てを押しつけられている」という気持ちになってしまいます。

いまの40代、50代は、まだまだ「子育ては女性がするもの」という意識が強い世代です。それに対して35歳前後の世代から意識が変わり始め、子育て大好きなイクメンも登場し始めています。しかし、経済情勢の悪化や非正規雇用の増加などで長時間労働が増え、パパとしても、もっと育児に参加したくてもなかなか思うようにはできない、という実情があります。

事実、日本人はフランス人やドイツ人より長く働いているにもかかわらず、ひとり当たりのGNP（国内総生産）はドイツ・フランス並みです。労働生産性（時給に換算した生産性）はG7諸国で最低です。「長時間働くことでようやく成果をあげている」日本の実情が見えてきます。

「ワークライフバランス」や「自分らしい働き方」についての意識は高まっています。今後、15年くらいかけて、日本人の働き方は、「より自分らしい働き方」に向けて大きな変化をとげていくでしょう。しかし、まだまだ過渡期です。なかなか思うように男性の育児参加は進んでいません。

そんななか、お父さんはどう子育てに関わっていけばいいのでしょうか。

お父さんがすべきは「妻のサポート」です。

こう言うと、「家事を手伝わなくちゃ」「子どもの面倒をみなきゃ」と思うお父さんが多いでしょう。そうした「具体的サポート」も必要ですが、より重要なのは「メンタルのサポート（心のサポート）」です。

子どもをもつ3人のお母さんが、お茶をしています。彼女たちは、大学時代の仲良し3人組です。子育ての話に花を咲かせていたところ、途中で夫が育児や家事をどれくらいやっているか、という話題になりました。

「ミユキのご主人は、イクメンで家事も育児もやってくれるんでしょ？　いいな〜」とうらやましがるケイコさん。でも、ミユキさんは浮かない顔です。

「うーん、まあ共働きだから、やってもらわなきゃ生活が立ち行かないんだよ。ただ、やってくれるのはいいけど、料理しっぱなしでキッチンはとっ散らかってるし、子どもに赤のTシャツと赤のズボン着せたりするし、けっこうイライラするんだよね」と、ミユキさんは本音炸裂です。

「わかるわかる、家事や育児ってやり方がお互い違うから、やってくれればいいってもんじゃないんだよね。自分がやったほうが早かったりするよね」と言うのは、こちらも共働きのサチエさんです。その話を聞いて、いままでうらやましがっていたケイコさんが、思い出したようにこう言いました。

「あ……そういう意味では、うちの夫は仕事で帰ってくるのが深夜だから、全然手伝ってはくれないの。でもね、**どんなに疲れてても私のグチや話を『そうなんだ〜』ってよく聞いてくれるんだ。だから、あんまりストレスはないかな**」

ふたりが目を見合わせて大きくうなずいたのは言うまでもありません。

つまり、家事や育児を手伝い「具体的に役に立っている」イクメンよりも、妻のグチをきちんと聞き、妻の心をサポートしているご主人のほうが、はるかに妻としての満足度も高いのです。

夫への「伝え方」のコツ

夫に育児や家事で何かしてほしいことがあるとき、伝え方のコツがあります。

・具体的な指示を
・ハッキリとポジティブな言い方で伝える

言うときは、夫の自尊心がアップするような伝え方を心がけてください。

男性にとって妻からの「言わなくてもわかってよ。察してよ！」「自分で考えて動いてよ！」は、難しすぎる注文です。指示を具体的に出すことで、夫としては要求水準が下がり、実行しやすくなります。

× ちょっとは子どもの面倒見ててよ！
○ もしできたら、隣の公園で、1時間くらい子どもを遊ばせてきてくれるとうれしいな♥
× 明日の朝ごはん買ってきて
○ 今日はなんか疲れちゃってて……。悪いけど、Kマートで、6枚切りの食パンと卵とトマトを買ってきてくれると助かるな
× はやくゴミ捨ててきてよ！
○ 朝、起きたら、もうゴミがぜんぶ捨ててあったりすると……私、なんだか〝愛されている妻〟って思えちゃうかも♥

男は〝プライドの生き物〟なので、自尊心を満たす言い方で、具体的に何をしてほしいか伝えると実行してくれやすいのです。

夫のサポートでお母さんが心身ともにラクになり、精神的に安定していくと、お子さんの心にも大きなエネルギーを与えられます。ぜひ〝上手な伝え方〟を試してみてください。

「パパと子ども」ふたりでお出かけしよう

３人家族は、いつも子どもを中心に世界が回っていきます。子どものために動物園へ、子どものために旅行へと３人でいっしょに出かけ、家族写真もいつも子どもが真ん中で主役になります。

きょうだいがいる家庭では、騒いでうるさくなるし、費用がかさんでしまうので高級レストランやコンサート会場などに行く機会は限られます。しかし、ひとりっ子家庭であれば連れて行ってもらえることも多いでしょう。

いつも、こうした体験をしていると、お子さんは「自分が世界の中心にいるのが当たり前。パパもママも自分のためにはなんでもしてくれる」という思いを抱いてしまいがちです。

また、パパとママも「ふたりだけの大人の時間」をもちたいのに、「いつも子どもといっしょ」では、心が疲れてしまいます。

あまり子どもに気をつかいすぎず、徐々にパパとママふたりで大人だけの時間をもつようにしましょう。

お子さんも最初のころは「大人だけずるい。私を仲間外れにするなんて」と傷つきふてくされてしまうかもしれません。けれどそれも最初だけです。あくまで明るく「明日はママとパパ、外に食事に行くから、おばあちゃんの家で待っていてくれる？　おうちから持っていきたいおもちゃは何かな？」と話しかけていると、納得するようになります。「パパとママ、仲良しなんだな」とうれしい気持ちにもなっていくものです。

また、ひとりっ子にとって、3人いっしょのお出かけはうれしい反面、パパとママが衝突することがあると、ふたりのパワーバランスを気にしながら緊張しなくてはならない時間でもあります。

お子さんがリラックスして楽しむためにも、「いつも3人いっしょ」にはこだわらず、「お母さんと子ども」「お父さんと子ども」という2人組で出かけるのもおすすめです。

特に、お父さんはお母さんが育児から解放される、「ママひとりだけでくつろげる時間」をつくるために、「パパと子どもとふたりの時間」をできるだけ多くもつようにするといいでしょう。

気をつけたいのは、片方の親が子どもと楽しい時間を過ごしたからといって、「あら、楽しそうでよかったわね。こっちは掃除が大変だったよ」などと皮肉を言ったりしないことです。「あなたは私といるときよりパパといるときのほうが楽しそうね」と、いじけるのもよくないでしょう。子どもは、「ママといるとき、もっと楽しそうにしなければ」とプレッシャーを感じます。

お子さんがどちらの親をより多く必要とするかは、発達の段階やその時々の心の動きでさまざまに変化していきます。

子どもに「両方の親を同じくらい愛しなさい」とプレッシャーをかけるのは、大変な重荷です。子どもの心をパートナーと綱引きしても、いいことはひとつもありません。

子どもにグチをこぼす母親が娘を不幸にする

みなさんは、なんの気なしに夫婦間の不満を子どもにグチっていませんか？

特に女の子は、お母さんのグチの聞き役になることが多いものです。

しかし、これは絶対にやめるべきです。お子さんの人生に大きな悪影響を及ぼすからです。

もし、お子さんがお母さんのグチに影響を受けて「お父さんのこと好きじゃない」「お父さんなんて嫌いだ」と言っているとしたら、お子さんの心はお母さんのグチによってむしばまれ始めています。

中1のひとりっ子長女をもつママ、ヨウコさんは言います。

「夫が何か言うと、『また始まった』と娘と目配せし合っているんです。ざまあみろって思いますね」

ご主人は趣味の釣りにかまけ、ヨウコさんが子どもの友だち関係のトラブルや中学受験のことで悩んでいたときも、ろくに相談にのってくれませんでした。夫婦仲はどんどん冷えきっていったといいます。

「娘も主人を嫌っています。当然ですよ、何もかも私に押し付けてきたんですから。経済的なことを考えると離婚はできませんが、私は娘さえいれば満足なんです」

実は、こんな「母・娘」の一体化が、いちばん怖いのです。

カウンセラーの信田さよ子さんの著書『母が重くてたまらない――墓守娘の嘆き』（春秋社）には、ヨウコさんのようなお母さんに育てられた娘さんたちの悲痛な叫びがたくさん収められています。

幼い頃からお母さんにグチをこぼされ続けて育ってきた女の子は、「自分」をもつことができない人間に育ってしまいます。母親は「女同士だからわかるでしょ」と娘に言い続けます。娘は自分と同一化してくるお母さんとの「一体化した共生関係」に取り込まれてしまいます。父親の影が薄く、ほかにきょうだいもいない家庭にあっては、お母さんは絶対的な存在ですから、あらがう術がないのです。

娘が思春期に入ったころから、「そろそろわかるわよね」と娘に夫のグチをこぼし始める人もいます。成人した娘に、夫の浮気話を延々と聞かせる母親も珍しくありません。父親を「共通の敵」とすることで、母と娘はますます一体化を強めていきます。

子どもはグチをこぼす母親について、内心では「そんなこと言っても、お母さんにも悪いところがある」と思わないではいません。しかし、「かわいそうなお母さんを支えてあげなければ」と、自分を抑えて聞き役に徹してしまうのです。

子どものころから、常に自分を抑えて母親のサポートに徹してきた結果、娘は自分を抑えて生きることしか知らず、自分らしく生きることができなくなってしまいます。誰かを支えることにしか自分の価値を感じられなくなってしまうのです。また、ともに働こうとしないダメ男を支え続ける「だめんず好き」になったり、結婚に夢を抱けなくなることもあります。

なかには、途中でお母さんを支え切れなくなって、お母さんとの関係から逃げるためにそれほど好きでもない人と結婚する方もいます。

娘さんにグチをこぼし続ける母親は、娘さんの一生を支配し続けてしまうのです。

夫に不満があるならば、娘を巻き込まず、夫に直接伝えるべきです。

そこに子どもを引きずり込み、夫を「共通の敵」としてふたりで共同戦線を張るようなやり方はおすすめできません。そんなことをしても、誰も幸せにならないからです。きょうだいでもいれば「お母さんの言い分もわかるけど、お父さんの気持ちもわかるよね」と自分の胸の内をあかすこともできますが、ひとりっ子には「逃げ場」がありません。

お子さんの幸せを望むなら、夫や子ども以外のことにも目を向け、まずお母さん自身が自分の人生を楽しみましょう。お母さん自身が毎日を安定した気持ちでハッピーに過ごすことが、子育てで何よりも大切なことなのです。

夫婦仲は悪いままでも、あなたと子どもは幸せになれる！

「夫や子ども以外のことに目を向けろと言われても、そんな気持ちにはなれない。だって、夫の問題は何ひとつ解決していないんだから」と思う人もいるでしょう。しかしそれでは、母と子どもが、ダメ夫のためにともに自滅していくようなものです。

お母さんが不幸のかたまりのように暗い顔をしていると、お子さんも「私（ぼく）も幸せにはなれない」と思うようになります。

また、夫婦仲がうまくいっていないと、母親は相談相手がいないので、子育てでも行き詰まりを感じるようになります。

もちろん、夫婦仲はいいに越したことはありません。

しかし、夫婦関係がうまくいかないからといって、あなたの人生が台無しになるわけではないのです。夫とあなたは同じ屋根の下に暮らしていても、別々の人間です。夫の言動がいくら不快でも、それに巻き込まれてあなたまで不幸になる必要はありません。

人は、ほかの人を変えることはできなくても、自分を幸せにすることはできます。**つまり人は、自分だけは幸せにすることができるのです。**

自分を幸せにすること、それが人間としての務めですし、お子さんを幸せにする最大の条件でもあります。

自分を幸せにするためには「自分は自分、夫は夫」と考えましょう。

「ひとりっ子なのに、パパとママの関係まで悪くなってしまった」

「夫婦仲がうまくいかないのは私のせい？」

そのように自分を責めるのは、今すぐやめることです。

自分を責めるのをやめて、「私は、自分が幸せになるために、できることをやっていくしかないんだ」と覚悟が決まると、スーッと気持ちが楽になります。「何か新しいことを始めてみようか」と、心にエネルギーがわいてきます。

あなたの明るい笑顔を見たお子さんは、心からホッとするはずです。そして、「私（ぼく）も幸せになっていいんだ」と思うようになります。

第6章

ひとりっ子家庭の親離れ・子離れ

ひとりっ子の反抗期はこう乗り越える

子どもが小学校高学年から中学生になれば、思春期特有の「反抗的な態度」をしばしばとり始めます。親御さんとしては、「どうして、こんな小さなことに、たてついてくるの？」と言いたくなることも少なくないはずです。

「子どもの反抗がとまりません。親として、どうすればいいんでしょうか？」

スクール・カウンセラーである私のもとには、そんな相談がいつも寄せられます。

思春期の反抗にどう対応するかは、きょうだいのいる子の親御さんにとっても、子育てでいちばん悩ましい問題です。

ましてや、ひとりっ子の場合、母親と子どもふたりだけの「密室」状態で、ふたりのやりとりが、果てしなくヒートアップしていきやすいために、思春期の反抗は大問題となります。

思春期は「自分」が揺らぐ時期です。身長がぐんぐん伸び、生理が始まったり声変わりしたり、異性への関心も芽生えます。

変化は体だけなく内面にも起こります。**それまでの価値観が揺らぎ始め、内側から知らない自分が顔を出します。心が〝液状化現象〟を起こすのです。**

この心の〝液状化現象〟にこそ、思春期という時期の心の在り方の本質があります。それまでの「子ども」としての心の在り方が崩れ、でもまだ大人になっていないので、形をもっていないのです。

大人になるための大きな変化に直面し、子どもは不安でたまりません。だからこそ、イライラしたり、自分のカラに閉じこもったりするのです。

赤ちゃんのころ、母子は一心同体でした。少しずつお母さんから離れて行動するようになるとはいえ、幼児期や児童期は、まだ親の考えと自分の考えの境目があいまいです。しかし、思春期になると自立に向けて「親とは違う自分」をつくり出さなくてはいけません。そこでこの時期になると、「もう干渉しないで」「私には私のやり方があるの！」と親をいったん遮断する必要があるのです。

反抗的な言動が出てきたら、「私とのかかわり方を変えて！」というサインです。親は子育てのギアチェンジをする必要に迫られているのです。

「親とは違う自分づくり」は小学生になったころから少しずつ始まっています。反抗の中身は小学校の前半と後半で、ずいぶん違います。小学校4年生までになされる子どもの反抗は「反抗のための反抗」です。これが思春期に向けた助走期間の始まりです。

3歳から小学校4年生までの反抗は、理屈の通らない反抗であることが多いものです。「いやだ！」と泣きわめいて押入れから出てこないとか、「習い事に行かない！」とゴネたくせに、時間になったら「やっぱり行きたかった」と泣いたり……。親の目から見ると、「親を困らせるためにやっているんじゃない？」としか思えない態度なのですが、**本人にも理由はわからないのです。**ただ、必死に泣きわめいたりすることで、親とは違う自分を手探りで感じようとしています。

これを頭ごなしに叱るのではなく、「いじらしいな」と受け止めてあげてください。最後はギュッと抱きしめると安心できます。

小学校の高学年に入ると、思春期の「自分づくり」が始まります。体の変化を実感して不安定になる子も増えますし、親を客観的に見て批判し始めます。理屈も一人前になります。もうギュッと抱っこで落ち着く年齢ではなくなるのです。

また、男の子と女の子でも、反抗の出方は、少し違うことが多いようです。一般的な傾向として、男の子のほうが暴力的になります。激しい怒りに巻き込まれて暴力的に対応せず、親としては、自分の感情をコントロールして、余裕をもって接するよう心がけましょう。

女の子の場合、男の子よりしつこく、長く反抗が継続する傾向があります。女の子の親御さんは、大事なことは繰り返して伝えるといった、粘り強い対応が必要になります。

お子さんが思春期に入り、反抗的な態度をとり始めたというのは、おめでたいことです。よくここまで頑張って子育てしてきたと自分をほめてあげましょう。

反抗は親への信頼の証

中学生のお子さんがいると、「こんなに反抗的になって、ウチの子大丈夫？」と心配になる人も少なくないでしょう。でも、学校ではどうでしょうか。やはり反抗的でしょうか。

友だちに対してはどうでしょう？　多くの場合、親に対しては反抗的でも、外ではいい子ができています。それなら大丈夫です。

怖いのは逆のケースです。親の前でいい子なのに、外で悪い態度をとる子たちが

増えています。彼らは、「親にワガママな言動やダメな姿を見せたら、もう愛してもらえない」と思っています。そして、親の前でいい子を演じるストレスを外でぶつけているのです。

そういう意味で、**親に反抗できるのは「自分がどんな態度をとっても、親の愛情は揺らがない」という信頼がある証拠です。**

頭ごなしに押さえつけては無駄

とはいえ子どもに激しく反抗されると、親も腹が立ちます。当然です。

もともと親には、子どもを自分の支配下に置きたいという強い欲求があります。思春期の子どもの反抗はそこを刺激してくるので親は腹が立ってしまうのです。

けれど、「ここで甘やかしちゃいかん！」とばかりに厳しい態度をとるのは、おすすめできません。押さえつけられると、いずれ心にたまった膿があふれ出すように、暴力や不良化、家出や引きこもりといった激しい形で反抗が行われるのです。

反抗がエスカレートすると、親への復讐のためにわざと犯罪に近いことをする場合もあります。**「おまえの子育てはこんなに間違っていたのだ」と、自分の人生をもって示そうとするのです。**

ムカ！っときたときの親の対応

このとき大切なのは、「親のほうが先に冷静になる」ことです。

どんなにカッとなりやすい子でも、親が上手に受け流せば反抗もさほど激しくなりません。しかし、親が威圧的になると反抗はエスカレートしていきます。

親は、自分がカッとなっているのがわかったら、まず冷静になり、「ちょっと待て」「一歩引こう」と、大人としての自分を取り戻す必要があります。その場で冷静になれないなら、トイレに駆け込んでカギを閉めて深呼吸を。いったん家から出て、ファミレスでパフェを食べてきてもいいでしょう。まずは子どもから離れて、自分を取り戻すことです。

子どもに何かを教え諭すのは、そのあとです。

反抗期の子どもにも「いけないことはいけない」と伝える必要はあります。しかし、**お互いに興奮状態にあっては、どんな言葉も耳に入りません。親はまず自分が冷静になることです。**そして、子どもの気持ちが落ち着いてくるのを待つことです。何かを伝えるのは、そのあとにしましょう。

親子バトルになったら まず親が先に「一歩引く」

子どもから反抗されて**心の内側に怒りがわいてきたら「自分はいま怒っている」と気づいてください**。これが冷静になる第一歩です。

そして深呼吸して、余裕を取り戻しましょう。「いま私は冷静ではない。落ち着こう」と自分に言い聞かせて。深呼吸したり、数を1から10まで数えたりして、心の平静さを取り戻すのです。

ひとりっ子と親の激しい衝突は、〝どちらも引くに引けない状態〟になって長引いてしまう傾向があります。お互いに意地になってしまい、硬直状態に陥ってしまうのです。

長い間、引くに引けない衝突の時間が続くと、お子さんの心にしこりが残ってしまいます。

当然のことながら、親と子どもは対等ではありません。

あなたと子どもの対立がケンカのようになってしまっているとするならば、あなたが自分を見失っている証拠です。子どもと対等になって意地を張り合うのはやめて、親であるあなたのほうから、一歩引きましょう。なぜなら、あなたは親でありであって、子どもと対等ではないからです。

親子で勝ち負けを争ってはいけません。「これ以上の言い合いはふたりにとってプラスにならない。ただの意地の張り合いになっているな」と感じたら、次に挙げるようなやり方で親のほうから一歩引く。これは、大人である親の役目です。

●親のほうから「一歩引く」コツ

・どちらが正しい、正しくないで言い合わない

・問題を棚上げしてOK

・「もう遅いから寝よう。話の続きはまた明日ね」と親のほうから切り上げる

また、**プライドの高いひとりっ子は、すぐに大人にただされることを嫌います。**人間は誰かにただされ、自分のやり方を無理やり変えられようとしたら、逆に頑固に変わるまいとするものです。

反対に親が余裕をもって「そうか。○○ちゃんは、○○と思っているんだね」と気持ちをそのまま受け止めてあげると、子どもは自分で自分の間違いに気づき、「やっぱり○○だね」と素直に考えを変えていけるでしょう。

大切なのは、「子どもを屈服させよう」としないことです。

たとえ、言い合いの結果、親が勝ったとしても、親子の信頼関係は損なわれ、子どもはますます心を閉ざすようになります。

「どんなに激しくぶつかりあっても、お父さんやお母さんは、最後はぼく（私）のことを認めてくれるのだ」という安心感を与えることが大切です。そんな信頼感があると、子どものほうから素直な気持ちになりやすくなります。

よくある質問その1

「私自身が中学生くらいの反抗期のとき、親に激しく叱られたし、たたかれもしました。それでも親には感謝しています。同じことをしてはいけないのでしょうか？」

回答

確かに、厳しく育ててくれた親に対して「あのとき、親父が殴ってくれたことで、俺は変われた」といった思いを抱いておられる方もいるでしょう。

しかし、カウンセリングの現場にいてわかるのは、これはむしろ稀なケースだということです。親に殴られたことが子どもの人生に悪影響を与える場合のほうが、はるかに多いのです。

子どもをたたくとき、親は最初「この子のためだ」と思って、愛のムチをふるっています。
しかし、暴力は習慣化します。親は自分のイライラを子どもにぶつけて殴るようになります。子どもは殴られたことに理不尽さを感じて、親への不信感を強めていきます。そして、お子さんの人生は次第にねじ曲がっていくのです。私は、絶対にしません。

質問その2

「娘が反抗的な態度をとると、夫が激しく叱ります。すると父と娘の激しいバトルが始まります。母親として私はどうすればいいでしょうか?」

回答

お父さんが高圧的な場合、お母さんは子どものフォロー役にまわるのがいいでしょう。こういう場面で「夫唱婦随」はいけません。両親がふたりで、子どもを責め続けると、子どもには「逃げ場」がなくなってしまいます。特にひとりっ子家庭では、夫婦が同時に子どもを責めないよう注意が必要です。

お父さんから厳しく叱られてお嬢さんが部屋で落ち込んでいる場合には、お母さんは、アイスキャンディーを２本もっていき、「大丈夫？」とやさしく声をかけていっしょに食べましょう。子育ては、「夫婦のバランス」が大事です。

ひとりっ子の中学受験

地域によって異なるでしょうが、中学受験が夫婦の話題にのぼることも多いでしょう。「うちの子と同じタイプの子が集まる私立に行ったほうが過ごしやすいだろうな」と思う反面、「現実社会と同じようにいろいろな子がいる公立のほうがもまれていいかも」と心が揺れるかもしれません。

結論からいえば、「公立」か「私立」かで迷うよりも、「この子にはどのようなタイプの学校が合っているか」と考えるべきです。

ひとりっ子にはどちらかと言えば、ノイズに弱く、乱暴な言葉遣いや態度に耐性のない子が少なくありません。

お子さんが内気で繊細なところがあり、地元の公立中学が荒れているのであれば、私立受験を考えてもいいでしょう。

ただし、私立が落ち着いている学校ばかりとは限りません。**落ち着いた公立より、騒がしい私立はたくさんあります**。校風は実にさまざまなので、実際に足を運んで学校見学をしましょう。お子さんのフィーリングに合った学校をお子さん自身が選ぶのが大切です。

受験するときのポイントのひとつは、**最初に受ける学校を確実に受かる学校にすることです**。スタートダッシュでつまずくと、打たれ弱い子は、その後もダメージを引きずってしまいがちです。まずは「ここなら絶対受かるはず」という安全圏の学校に合格して自信をつけさせましょう。すると弾みがついて、チャレンジ圏の学校にも合格できるかもしれません。

高校受験でいちばん大切なのは本人の意志

高校受験で、最終的に進みたい学校を決めるのは、子ども自身です。

個人差は大きいですが、子どもは、進学する学校を選ぶのに時間がかかります。「あーでもない、こーでもない」と迷っているうちに、業を煮やした親御さんが、いろいろ動いて志望校を決めてしまうことも少なくありません。

しかし、人生は選択の連続です。「誰と結婚するか」「どんな人生を生きるか」「働くか専業主婦か」……常に自分で選び続けなくてはいけません。その第一歩が「受験校の選択」です。子どもから、この貴重な成長の機会を奪わないようにしましょう。

受験案内を買ってあげたり、「高校見学どうする?」と聞いたりして、考えるきっかけを与えるのはいいでしょう。しかし「まだ志望校、決まらないの!?」「この学校がいいんじゃない!?」とプレッシャーをかけ続けるのはNGです。

親にできることは、「大枠」を示すこと。私立と公立、距離はどこまでか、何校まで受けていいのか、最低でもこのレベル以上は目指してほしいなど、あくまで「大枠」を示すにとどめてください。

「早慶レベル以上でないと高校とは呼べない」「共学より男子校・女子高のほうが勉強に集中できる」といった、親の価値観を押しつけるのはやめましょう。そのことで苦しみ続けるお子さんは少なくありません。

素直な子どもほど、親の意見を否定するのは、難しいものです。「どうせ自分の考えは親にちゃんと聞いてもらえない。尊重してもらえない」などと思うと、自分で選択する気力が失せてしまいます。

なかには、優柔不断で、なかなか志望校を絞りきれないお子さんもいるでしょう。その場合には、時間が許す限り、学校見学に行かせてあげてください。なかには何十校も見て回る子もいます。そして、**子どもが時間をかけて「選ぶ」のをじっくりと待つこと**。これが自分で自分の人生を選択する貴重な機会になります。

このとき親が口出しをして結局親が決めてしまうと、「自分で選べない習慣」がついてしまい、就職や仕事、結婚などの場面でも自分で決断できない人間になってしまいかねません。

親としてはヤキモキさせられる場面ですが、「自立への第一歩」を踏み出したわが子を、あたたかく見守っていきましょう。

中学生になるまで勉強部屋はいらない！

多くの家庭では、「小学校に上がったら、子ども部屋を用意しなくちゃ」と、小学校入学のタイミングで勉強机やベッドを買いそろえます。

でも、ちょっと待ってください！ **特にひとりっ子の場合、男の子も女の子も、中学校に上がるくらいまでは個室を与えないほうがいいと私は思っています。与えるとしても、結果的に「寝るだけの部屋」になってもいいくらいに考えておきましょう。**

「子ども部屋にずっといる」子どもは、ついゲームなどをしてしまって、勉強の習慣がなかなか身につきません。「リビングで勉強する」ほうが、さみしさがまぎれるので勉強の習慣もつきやすいのです。「さっさと自分の部屋に行って勉強しなさい」……これは、いまの子どもたちには通用しません。

また、リビングを通らず玄関から直接上がって子ども部屋に行ける間取りは避けたほうがいいでしょう。そうした間取りでは、お子さんが思春期に入り、自分の部屋にこもってしまいやすくなります。親子の会話がほとんどなくなってしまうこともあります。不登校やひきこもりのお子さんがいる家には、このタイプの間取りが多いのです。

●ひとりっ子家庭の間取りの工夫

- 個室は中学生になるまで与えなくてもいい
- 子ども部屋には、リビングを通って行く間取りにする
- 将来、お子さんが自立して夫婦ふたりきりになり、子ども部屋が不要になったときに備えて、引き戸やパーテーションを使い、変更可能な間取りにしておく

中学生以降の「自分の部屋」の役割

中学生以降になると、親と距離を取りたくなり、「秘密」をもちたがります。「秘密をもつこと」は、「自分づくり」という思春期の課題を果たすうえで大きな意味があるのです。

親から離れて、「自分だけの世界」をもつために思春期の子どもは個室というプライベート空間を必要とするようになります。特に、男の子はマスターベーションのためにも、個室が必要になります。

ただし、携帯やｉＰｏｄなどを部屋に持ち込むのは、できれば高校生になってからにしたほうがいいでしょう。携帯やｉＰｏｄは依存性が高く、いじりはじめると、それ以外のことが何も手につかなくなる中学生は少なくありません。

最近、スマートフォンをもった子ども同士で、ＬＩＮＥを使ったいじめや仲間はずしも増えています。私は、スマートフォンは高校生になるまで子どもに買い与えるのは危険だと思います。

親にとって、子どもが自分の目の届かない「自分の部屋」で何をしているかはとても気になるものです。しかし、ズカズカと無神経に思春期の子どもの部屋に入り込むのはやめましょう。子どもがせっかく構築し始めた「自分の世界」に侵入することになるからです。

思春期に入ったら、「子どもは自分の部屋で自分だけの時間をもつ。親も、別の部屋で自分の時間や夫婦の時間をもつ」ようにしていきましょう。それによって「子どもの親離れ」「親の子離れ」が少しずつ進んでいくのです。

ひとりっ子にこそ「ひとり暮らし」をさせよう

「子どもの世話がなくなってしまったら、私はこれから何をすればいいのでしょうか」とため息をついているのは、高校生の息子さんをもつお母さん。息子さんが第一志望の東京の大学に行くことが決まったのに、喜び半分、悲しさ半分なのです。

「だって、これまで私の全精力を息子の野球部の活動に注いでいたんです。平日は栄養を考えながらお弁当をつくり、帰ってきたらユニフォームを洗い、土日は試合の応援です。息子が野球を始めた小学校1年のときから12年間、土日に家にいたことなんてありません。いまさら、主人とふたりでどうやって過ごせばいいのかわかりません」

「こんな愛情たっぷりのお母さんだからこそ、息子さんは立派に育ったんでしょうね。でも、息子さんが40歳になっても50歳になってもご飯をつくり続けてあげるつもりでいたわけではないでしょう?」

「確かにそうですけど……」

「息子さんが巣立ちつつあるこの機会に、少しずつ親御さんも手を離していけるといいですね。いま手を離さないと、息子さんのほうもいつまでも親離れできなくなってしまい、そのうち年金目当てにすがりついてくるかもしれませんよ」

「そ、そんな。うちの子はそんな子じゃありません！　でも、確かにひとり暮らしは子離れにはいい機会かもしれませんね」

「そうなんです。そばにいれば、つい手も口も出したくなってしまいますからね」

「いつか私たち親はいなくなってしまいますものね。私も子離れしなくてはいけませんね」

私は、**たとえ家から通える距離の大学に進むにせよ、半年〜1年程度でもいいので、早いうちにひとり暮らしをさせることをおすすめしています。**

物理的に別々に暮らさないと、親離れ・子離れは、なかなかうまくいきません。親御さんはそばにいればどうしても世話をしたくなりますし、子どもも親を頼ってしまいがちです。

なかには「お母さんと一生ずっといっしょにいたい」というひとりっ子の女の子もいます。仲がいいのはいいことですが……。

私が教えている学生を見ていると、ひとり暮らしをしている子は、自宅生に比べて、格段に精神的に大人になります。仕送りやバイト代の範囲内でやりくりを考え、勉強の合い間をぬって家事をする。それによって生きていくことの大変さを身をもって学んでいくのです。

自宅生には「親がこう言うから……」「親の意見は……」と、なんでもまず「親の考え」を気にし、「親の意見＝自分の意見」のままという子も少なくありません。

お子さんがひとり暮らしを始めるにあたって、「どうしても子どもと離れるのがつらい」という方は、自分が急病か何かで突然この世からいなくなってしまう場面を想像してみてください。お子さんがしっかり自分の足で歩いていけるよう、手を離してあげるのも愛情です。

ひとりっ子の親にとって子育てのゴールとは？

ひとりっ子の親御さんにとって、子育てのゴールはどこにあるのでしょうか？

私が出会ったひとりっ子のお母さん方は、みなさんこうおっしゃいます。

「それは先生、決まっているじゃないですか。結婚して子どもをもち、幸せな家庭を築くことですよ」

ひとりっ子の親御さんは、「自分が年老いてこの世からいなくなったら、きょうだいがいないこの子は、ひとりぼっちになってしまうのではないか」と常に気にかけています。孤独な人生を送ることにならないためにも、ぜひともわが子にはやく幸せな家庭を築いてほしいと願うのです。

ただし、親が全力で子どもに「結婚してほしい!」「子どもを産んでほしい」と期待をかけすぎるのは、子どもにとってはあまりに大きなプレッシャーで迷惑でしかありません。このプレッシャーのために「婚活うつ」になって苦しんでいる人がたくさんいるのです。

結婚は「ご縁」あってのものです。いくら結婚したくても自分の意思だけではどうにもできないのです。

きょうだいがいれば、「上のお兄ちゃんは結婚していないけれど、妹がしたから、まあいいか」となって、親からの「結婚プレッシャー」も分散されます。しかし、子どもがひとりしかいないと、「結婚してほしい」という親の期待が集中するため、子どもが感じるプレッシャーやストレスも相当なものになります。

しかも、結婚すれば、必ずしも幸せになれるとは限りません。

2006年にアメリカの学術誌『サイエンス』で、結婚についての衝撃的な研究結果が発表されました。

心理学者として初めてノーベル経済学賞を受賞したプリンストン大のダニエル・カーネマンが、40歳以上の未婚者と既婚者に「不幸率」についての調査をおこないました。

事前の予測では、「現在の生活は不幸だ」と答える既婚者は28%、未婚者は41%でした。当然、未婚者のほうに「不幸な人」は多いと予測されていたのです。

ところがフタを開けてみると、〝自分が不幸だと感じている〟人の割合は既婚者のうち23%、未婚者のうち21%と、既婚者のほうがわずかに多かったのです。

これは、「結婚生活＝幸福」ではないという事実をはっきりと示しています。

私自身、娘に「絶対結婚してほしい」とは思っていません。「大切なのは自分が幸せになることで、幸せになれる相手がいれば結婚すればいいし、もしそういう相手が見つからなければ結婚しなくてもいい」と考えています。

たとえ親御さんが「自分は結婚してよかった！」と感じているとしても、その価値観を押しつけられるのは、子どもにとって迷惑でしかありません。

子育てのゴールは「子どもが大人になったとき、幸せな人生を送ることのできる力を育てること」にあります。「幸せな人生を送ることのできる力」のひとつが「結婚力」です。しかし、いくら「結婚力」があっても、「ご縁」に恵まれず結婚しない人生を送る人もたくさんいます。

こうした事実をふまえると、賢明な親であれば、お子さんが**「結婚しても、しなくても、自分の人生を否定することなく、幸せな人生を歩んでいける」**ように、サポートしていくべきでしょう。

そして、結果的に結婚しようがしまいが、「あなたが選んだ人生ならばそれでO

Ｋ！」と認めてあげましょう。

子どもにとって、親が自分の生き方を認めてくれないことは、最も大きな苦しみのひとつです。

お子さんが「親の期待に応えて結婚することができなかった。こんな自分はダメだ」と自分を否定してしまうことがないようにしましょう。

２０３０年には男性の３人にひとり、女性の４人にひとりが、生涯にわたって結婚しない人生を送るようになると予測されています。あなたのお子さんが、この「３人にひとり」あるいは「４人にひとり」になる可能性は決して低くはありません。であれば、シングルライフを楽しむことのできる「孤独力」をもつことは、人生最大のリスクマネジメントになります。

その点、ひとりっ子には強みがあります。「孤独力」をもち、「ひとりの時間」を楽しく過ごす能力に長けているからです。

おわりに

この本では、あなたの大切な大切なお子さんを、「幸せな人生を歩むことのできる人間」に育てるための、ラブ（愛）とハッピー（幸福）に満ちた子育ての具体的な方法を、心理学の理論にもとづいて説明しました。

子育てで最も大切なこと――けれどつい、忘れてしまいがちなこと――は、「どう子育てするか」というハウツーではありません。

お父さんお母さん自身が、ハッピーに生きていること。それが、お子さんが幸せな人生を送るために、最重要なことなのです。

頭ではわかってはいても、子育てをしていて、苦しくなって投げ出したくなったり、息が詰まりそうになったりすることもあるでしょう。

けれどもそれも、お子さんが「見えない世界」からご両親に運んできてくれた「課題」です。子育ての苦しみを通して、ご両親のたましいが、お子さんといっしょに成長していけるようにお子さんが運んできてくれたプレゼントなのです。

ですので、お子さんが何か、困った行動をしたら、すぐに「何やってるの！」と怒鳴らずに、こう考えてみましょう。

「これは、子ども自身の成長に、そして私たち親の成長に必要なことだから子どもはしているのかもしれない」と。

すると、お子さんがその行動をしていることの「意味」について振り返り考えることができるでしょう。

ときには、育児に疲れて、「もう、こんな子、生まなきゃよかった」とひとり涙を流してしまうこともあるかもしれません。

そんなときは、お子さんから離れてトイレに行くなりして、5分でいいので「ひとり」になる時間をもちましょう。

そして深呼吸をして、次のように唱えてみましょう。


「私のたましいは、この、無限の愛に満ちた宇宙とつながっている。

この子のたましいも、この、無限の愛に満ちた宇宙とつながっている。

この子のたましいは、この、無限の愛に満ちた宇宙から、私を選んで私のもとにやってきてくれた。

ありがとう。

ありがとう。

ありがとう。

私たちふたりを親として選んで、この世に生まれてきてくれて、ほんとうに、ありがとう……。

すべては、この、見えない世界からの、贈り物。

たましいの気づきと学びと成長のために、贈られてきたプレゼント……」

そうすればほら……。お子さんのからだ全体が、愛に満ちた白く輝く光に包まれていることにあなたは気づくはずです。

お子さんをギュ！　と抱きしめて、ほっぺにチュ！　しながら、お子さんの耳元でこうささやいてください。

「あなたのことが、宇宙でいちばん、大切」。

◉本書で紹介した、お母さん、お父さんの人間としての自己成長のための、さまざまな心理学の方法は、次の研究会で学ぶことができます。どなたでも参加可能です。私のホームページ http://morotomi.net/ で内容を御確認のうえ、お申し込みください。

〒１０１-００６２　東京都千代田区神田駿河台１-１　明治大学14号館　諸富研究室内
「気づきと学びの心理学研究会」
問い合わせ申し込み先　E-mail：awareness@morotomi.net
FAX：03-6893-6701

諸富祥彦（もろとみ・よしひこ）
1963年福岡県生まれ。明治大学文学部教授。教育カウンセラー。教育学博士。「すべての子どもはこの世に生まれてきた意味がある」というメッセージをベースに、30年近く、さまざまな子育ての悩みを抱える親に、具体的な解決法をアドバイスしている。
『男の子の育て方～「結婚力」「学力」「仕事力」。0～12歳児の親が最低限しておくべきこと。』『女の子の育て方～「愛され力」+「自立力」=「幸福力」。0～15歳児の親が必ずしておくべきこと。』『悲しみを忘れないで』（小社刊）、『教師の資質～できる教師とダメ教師は何が違うのか?』（朝日新書）、『子どもの心を救う親の「ひと言」』（青春出版社）ほか、教育・心理関係の著書が100冊を超える。http://morotomi.net/

ひとりっ子の育て方

「友だちづくり力」「自分づくり力」「立ち直り力」。
0～15歳児の親が最低限しておくべきこと。

2013年10月 7 日 第1版第1刷発行
2020年 9 月23日 第7刷発行

著　者　諸富祥彦
発行所　WAVE出版
〒102-0074
東京都千代田区九段南 3-9-12
TEL 03-3261-3713
FAX 03-3261-3823
振替 00100-7-366376
E-mail：info@wave-publishers.co.jp
https://www.wave-publishers.co.jp

印刷・製本　萩原印刷

NDC599 223P 19cm ISBN978-4-87290-640-0